IFO-INSTITUT FÜR WIRTSCHAFTSFORSCHUNG

STRUKTUR UND WACHSTUM

REIHE ABSATZWIRTSCHAFT

Heft 7

IFO-INSTITUT FÜR WIRTSCHAFTSFORSCHUNG

Analyse der Strukturen und Wettbewerbsverhältnisse auf ausgewählten Märkten des Handels

Von

Erich Greipl und Eugen Singer

DUNCKER & HUMBLOT / BERLIN · MÜNCHEN

Gedruckt 1978 bei Buchdruckerei A. Sayffaerth - E. L. Krohn, Berlin 61
Printed in Germany

ISBN 3 428 04236 0

Vorwort

Die strukturellen und wettbewerblichen Veränderungsvorgänge in der Warendistribution, ihre Ursachen und Auswirkungen sind in verstärktem Maße Gegenstand der wirtschaftspolitischen Diskussion. Das Ifo-Institut hat bereits mit einer Reihe von Untersuchungen, Gutachten und Publikationen versucht, einen Beitrag zur Durchdringung dieses Fragen- und Problemkreises zu leisten. Gerade die zunehmende Dynamik von Veränderungsvorgängen in der Absatzwirtschaft hat aber auch ein verstärktes Aktualisierungs- und Differenzierungsbedürfnis von empirischen Untersuchungen gezeitigt. Mit der vorliegenden Studie wird diesem Erfordernis für einige ausgewählte Handelsmärkte Rechnung getragen.

Quantitative Meßverfahren der wirtschaftlichen Konzentration und des Wettbewerbsgrades haben sich — bedingt auch durch das Fortschreiten vertikaler und konglomerater Integrationsprozesse — zunehmend als ergänzungsbedürftig durch qualitative Erhebungsverfahren erwiesen. Das gilt insbesondere für den Handel. Dementsprechend bilden die wesentliche Analysebasis der Studie umfangreiche schriftliche und persönliche Unternehmensbefragungen.

München, Juli 1978

Dr. *Karl Heinrich Oppenländer*

Vorsitzender des Vorstandes
des Ifo-Instituts für Wirtschaftsforschung, München

Inhaltsverzeichnis

Tabellenverzeichnis

1. Textteil

2. Anhang

A. Zur Untersuchung

I. Zielsetzung

Fragen der Konzentration und Marktmacht sowie deren Wirkungen traten in den letzten Jahren, bedingt durch das Fortschreiten der horizontalen und vertikalen, insbesondere aber der konglomeraten Konzentration, verstärkt in den Vordergrund der wirtschaftspolitischen Diskussion. So wurden nach dem Zusammenschluß VEBA/Gelsenberg — angeregt auch durch das Sondergutachten der Monopolkommission — erhebliche Bedenken laut, ob nicht aufgrund des breiten Betätigungsfeldes dieser Unternehmen des Energiebereichs in anderen Wirtschaftssektoren überragende Marktstellungen entstehen, die durch die Gemeinwohlentscheidung nach § 24 Abs. 3 GWB nicht gedeckt sind.

Um hierüber nähere Vorstellungen zu gewinnen, wurde vom Bundesministerium für Wirtschaft die vorliegende Untersuchung in Auftrag gegeben. Die Zielsetzung bestand darin, generell die Marktstrukturen und Wettbewerbsverhältnisse auf einigen ausgewählten Handels- und Dienstleistungsmärkten zu durchleuchten[1]. Bei den als relevant erachteten Handelsbereichen handelt es sich um:

Baustoffhandel
Chemiehandel
Handel mit festen Brennstoffen
Holzhandel

Im Rahmen der Strukturanalyse geht es vor allem um die Darstellung des Leistungs- und Erscheinungsbildes sowie um die Erfassung der Unternehmens-Umsatzkonzentration, im Rahmen der Wettbewerbsanalyse um qualitative Informationen über Wettbewerbsintensität, Wettbewerbsposition der Unternehmen, wettbewerbspolitische Verhaltensweisen und längerfristige Existenzchancen der Unternehmen.

---

[1] Die Dienstleistungsmärkte Binnenschiffahrt sowie Spedition — Lagerei — Umschlag erscheinen in der Ifo-Schriftenreihe „Studien zur Verkehrswirtschaft" Nr. 8 und 9.

II. Methodischer Ansatz, Informationsbasis und Durchführung

Die methodische Vorgehensweise bei dieser Untersuchung ist durch einen empirisch-analytischen Ansatz gekennzeichnet. Durch Aufbereitung und Auswertung von primär- und sekundärstatistischem Material sowie insbesondere durch eigene Primärerhebungen in Form der schriftlichen Befragung sowie der persönlichen Befragung „nach der Konzentration des Wissens" bzw. des Intensivgesprächs mit Unternehmen und Verbänden wurde die für die Analyse erforderliche Informationsbasis gelegt. Die folgende Aufstellung zeigt Stichprobenumfang, Antwortquoten sowie Untersuchungsfeld bei den Unternehmerbefragungen auf den einzelnen Produktmärkten.

Produktmarkt	Stichprobenumfang	Antwortquote in %	Untersuchungsfeld
Baustoffe	348	54	regionale Räume (Westdeutschland, Bayern)
Chemikalien	137	51	bundesweit
Feste Brennstoffe	720	46	bundesweit
Holz	909	55	bundesweit

Die Zusammensetzung der Erhebungskreise erfolgte nach dem Prinzip der typischen Auswahl. Aufgrund der großen Zahl der Antworten und der Mischung nach Betriebs- und Organisationsformen, Größenklassen und Standortlagen können die Erhebungsergebnisse als repräsentativ im statistisch-empirischen Sinne gelten.

Die Intensivgespräche im Verbands- und Unternehmensbereich dienten dazu, die auf der Basis der amtlichen Statistik sowie anderer Quellen gewonnenen quantitativen Vorstellungen über Marktvolumina und wesentliche Strukturkenngrößen zu überprüfen sowie Informationen über strukturelle Veränderungsvorgänge in den relevanten Branchen zu erhalten. Darüber hinaus bildeten sie die Basis für die Durchführung der schriftlichen Unternehmerbefragungen. Die Informationsbereitschaft im Bereich der größeren, marktstarken Unternehmen war relativ gering. Abgesehen von VEBA haben sich auch andere marktstarke Unternehmensgruppen zu einem Informationsgespräch nicht bereitfinden können.

Die Industrie- und Handelskammern wurden in die Erhebungen miteinbezogen, um raumdeckend von einer unabhängigen Institution Aussagen sowie Wertungen über strukturelle und wettbewerbliche Veränderungsvorgänge auf den zu untersuchenden Handelsmärkten zu erhalten. Im Speziellen ging es um die Beantwortung folgender Fragenbereiche:

— Ausmaß der Konzentration auf den relevanten Märkten
— Vorliegen, Ausmaß und Gründe für Betriebsaufgaben
— Aufkäufe mittelständischer Unternehmen durch Konzern- und Großunternehmen
— Reaktionsmaßnahmen mittelständischer Wettbewerber auf eine zunehmende Betätigung von Großunternehmen.

Bei der Durchführung der Marktanalysen erschien es zunächst als notwendig, die Marktvolumina bzw. die Inlandsverfügbarkeiten zu ermitteln. Dies war erforderlich, um die Stellung und Einschaltung des Großhandels allgemein sowie — in einem zweiten Schritt — die Marktbedeutung einzelner Unternehmensgruppen abschätzen zu können.

Diese Berechnungen stießen aufgrund unterschiedlicher Anlage und Maßeinheiten der zur Verfügung stehenden statistischen Zählwerke auf erhebliche Schwierigkeiten. Dazu kommt, daß die handelsspezifische Gliederung der amtlichen Statistik wie auch die Handelssortimente teilweise nicht herkunfts-, sondern bedarfsgruppenorientiert sind, so daß eine Zusammenfassung und gleichzeitig eine Eliminierung von Produkten aus verschiedenen Industriebereichen erforderlich war. Soweit derartige Berechnungen über die „Entstehungsseite" auf der Basis der vorliegenden Statistiken nicht durchführbar waren, wurde der Weg über die Verbrauchsseite beschritten, d. h. es wurde versucht, den Gesamtmarkt über den Wareneinsatz bzw. die Vorleistungen der nachgelagerten Wirtschaftsbereiche oder auch über die Letztverwendung bzw. den Letztverbrauch größenordnungsmäßig zu erfassen.

In einem nächsten Schritt wurde versucht, das Leistungs- und Erscheinungsbild der relevanten Branchen zu durchleuchten, um so Aktivitätsspielraum und -bedingungen der am Markt operierenden Unternehmen und Unternehmensgruppen transparent zu machen.

Besonderes Gewicht kam schließlich der Erfassung und Darstellung des Wettbewerbs in den zu untersuchenden Marktbereichen zu. Hierbei ging es um die Analyse von Entwicklung und Niveau der Wettbewerbsintensität, der Entwicklung und Qualität der Wettbewerbsposition der Unternehmen, die Darstellung der Wettbewerbskonstellation nach Unternehmensgruppen, die Erfassung der wettbewerbspolitischen Verhaltensweisen sowie die Ermittlung der Einschätzung der längerfristigen Existenzchancen durch die Unternehmen. Wettbewerbsvorgänge sind in der Praxis schwer erfaßbar. Die beste „Registrier-

und Diagnosestelle" für wettbewerbliche Veränderungs- und Entwicklungsvorgänge sind die Unternehmen selbst, da sie die Marktentwicklungen in der Auswirkung auf ihr eigenes Unternehmen zu spüren bekommen und sowohl anhand bestimmter Maßgrößen wie Veränderung der Marktfelder, Änderung der Zahl und Größe der Konkurrenten als auch in Form einer qualifizierenden Gesamtwertung Auskunft über den Wettbewerb, seine Komponenten und deren Entwicklung geben können.

B. Produktmarktanalysen

I. Baustoffhandel

1. Marktvolumen und Stellung des Baustoffgroßhandels im Rahmen der Distribution

Die Berechnung des Marktvolumens an Baustoffen kann grundsätzlich auf zweifache Weise erfolgen. Die verfügbaren amtlichen und nichtamtlichen Statistiken lassen eine Ermittlung über die Entstehungsseite und über die Verwendungsseite zu. Bei der Berechnung der Inlandsverfügbarkeit über das Aufkommen ergeben sich allerdings zahlreiche statistische Probleme. Diese liegen in der unterschiedlichen Anlage der Zählwerke, in den Abweichungen der Systematiken sowie in den teilweise unterschiedlichen Maßeinheiten bei den relevanten Statistiken, nämlich der Produktions- sowie der Außenhandelsstatistik.

Eine Berechnung der Inlandsverfügbarkeit in institutioneller Abgrenzung ist deshalb nicht zielführend, weil die Industrie der Steine und Erden auch andere Produkte als Baustoffe produziert. Bei der Berechnung unter „funktionalem" Aspekt sind speziell bei Baustoffen erhebliche Abgrenzungsschwierigkeiten zu überwinden. Diese liegen darin, daß verschiedene Produkte nicht nur Baustoffe darstellen, sondern auch anderen Verwendungszwecken außerhalb der Bauwirtschaft dienen. Ferner sind Baustoffe häufig Vorprodukte für die Herstellung anderer Baustoffe (z. B. Sand als Baustoff wie auch als Vorprodukt bei der Herstellung von Betonziegeln). Eine Erfassung der Inlandsverfügbarkeit an Baustoffen in funktionaler Sicht ist deshalb nur annäherungsweise möglich.

Die zum Absatz bestimmte inländische Produktion sowie der Außenhandelssaldo entsprechender Produkte, die prinzipiell Baustoffe sein können, beliefen sich 1975 auf 27,6 Mrd. DM. Davon müssen nun jene Produkte in Abzug gebracht werden, die

— Vorprodukte für Baustoffe darstellen sowie

— anderen Verwendungszwecken dienen.

Über die Höhe dieser beiden Aggregate fehlen genaue Anhaltspunkte. Schätzungsweise ist hierfür ein Betrag von rd. 1 Mrd. DM anzusetzen, so daß eine Summe von reichlich 26 Mrd. DM verbleibt[1].

Die Berechnung der Inlandsverfügbarkeit an Baustoffen kann auch über die Verwendungsseite vorgenommen werden und zwar über die Vorleistungen an die Bauwirtschaft. Aus der Input-Output-Tabelle des Statistischen Bundesamtes für das Jahr 1970 geht hervor, daß die genannten Vorleistungen, d. h. die Lieferungen der Wirtschaftszweige an die Bauwirtschaft, im Jahr 1970 55,1 Mrd. DM betragen haben[2]. Eliminiert man nun die Lieferungen jener Wirtschaftsbereiche, die keine Baustoffe herstellen (z. B. Mineralölverarbeitung, Holzverarbeitung), so ergibt sich ein Vorleistungsbetrag von 20,4 Mrd. DM. Gemessen an der Gesamtproduktion der Bauwirtschaft (1970: 114,1 Mrd. DM) entspricht dies einem Anteil von 17,9 %. Unterstellt man dieselbe Vorleistungsquote an Baustoffen für die Bauproduktion 1975 (145,1 Mrd. DM), so errechnet sich ein Marktvolumen an Baustoffen für 1975 in Höhe von 26,0 Mrd. DM. Dieser Wert stimmt weitgehend mit dem über die Entstehungsseite berechneten überein. Für 1976 ist diese Größe auf 26,5 Mrd. DM zu veranschlagen.

Der Gesamtumsatz des Baustoffgroßhandels belief sich 1974 nach der Umsatzsteuerstatistik auf 18,17 Mrd. DM (ohne Mehrwertsteuer). Er stieg bis 1976 auf 19,53 Mrd. DM. Der Baustoffhandel führt in seinem Sortiment allerdings auch Nichtbaustoffe. Ifo-Erhebungsergebnissen zufolge beläuft sich ihr Anteil auf reichlich ein Zehntel. Der wertmäßige Baustoffumsatz für das Jahr 1976 ist somit auf rd. 17 Mrd. DM zu veranschlagen. Da das über die Produktions- und Außenhandelsstatistik wie das über die Input-Rechnung ermittelte Marktvolumen zu Herstellerabgabepreisen bewertet ist, muß noch die Großhandelsspanne in Abzug gebracht werden. Diese betrug nach den Betriebsvergleichsergebnissen des Instituts für Handelsforschung an der Universität zu Köln im Jahre 1975 25,5 %[3]. Der Umsatz des Baustoffgroßhandels zu Herstellerabgabepreisen ist demnach für 1976 auf knapp 13 Mrd. DM zu beziffern. Das entspricht einem Einschaltungsgrad des institutionellen Baustoffhandels in die Distribution von Baustoffen von rd. 50 %. Damit hat der Baustoffhandel, gemessen am Einschaltungsgrad des Großhandels in den Absatz der gesamten Grundstoff- und Produktionsgüterindustrie (44 %), ein überdurchschnittliches Marktgewicht. Die Bedeutung des Baustoffhandels als Absatzmittler hat sich — gemessen am Einschaltungsgrad — in den zurückliegenden Jahren nicht nennenswert

---

1 Lagerveränderungen konnten aufgrund fehlender Statistiken nicht berücksichtigt werden.

2 Bewertet zu Hersteller-Abgabepreisen.

3 Im Rahmen des Großhandels-Betriebsvergleichs werden nur die Kostenspannen nach Kostenarten veröffentlicht. Danach betrug die Gesamtkostenspanne (ohne Unternehmerlohn und Zinsen für Eigenkapital) 22 %. Die kalkulatorischen Kosten beliefen sich auf 2,4 % vom Umsatz. Der betriebswirtschaftliche Gewinn wurde mit rd. 1 % vom Umsatz angenommen.

verändert. Die reale Expansion der Großhandelsumsätze war zwar wesentlich stärker als der Anstieg der Bauproduktion. Die Ursache hierfür liegt jedoch in erster Linie in der überproportionalen Ausweitung von Einzelhandelsaktivitäten und kann somit nicht als Indikator für eine steigende Einschaltung in die Distribution an die Bauwirtschaft gewertet werden.

2. Leistungs- und Erscheinungsbild des Baustoffgroßhandels

a) Funktionenprofile

In den zurückliegenden Jahren hat sich das Funktionsbild des Baustoffgroßhandels teilweise verändert. Die Ursachen hierfür sind in erster Linie in den wirtschaftlichen und technologischen Veränderungsvorgängen auf dem Bausektor zu sehen. Die Nachfrage nach Bauleistungen hat sich in den vergangenen Jahren spürbar abgeschwächt, das Marktpotential ist teilweise sogar geschrumpft. Dadurch wurde der Baustoffhandel gezwungen, nach neuen Absatzmöglichkeiten zu suchen. Die generelle Markteinengung sowie die zunehmende Betätigung branchenfremder Großunternehmen im Baustoffhandel hatte zu einem außerordentlich scharfen Preiswettbewerb im Bereich der Massenbaustoffe geführt. Das Geschäft mit Massenbaustoffen geriet also sowohl über die Menge als auch über die Erträge unter starken Druck. Das Mengengeschäft wurde zusätzlich noch dadurch erschwert, daß durch Poolung von Bauaufträgen großer Bauherren sowie die zunehmende Vergabe von Aufträgen an sog. Generalunternehmer der Direktabsatz der Industrie begünstigt und der Baustoffhandel teilweise aus der Distribution dieses Warenbereichs ausgeschaltet wurde. Der Baustoffhandel sah sich deshalb vor die Notwendigkeit gestellt, neue „Wachstumsträger" zu suchen, d. h. sich über die Distribution von traditionellen Baustoffen hinaus in den Vertrieb neuer Produkte einzuschalten. Dabei kamen ihm Entwicklungen auf der Angebots- wie auf der Nachfrageseite entgegen: Zum einen der technische Fortschritt auf dem Bau- und Baustoffmarkt, zum anderen der zunehmende Trend zum do-it-yourself. Die neue Bautechnologie bzw. die neuen Produkte (Fertigelemente, Bauteile, Substitutionsbaustoffe) erforderten — im Gegensatz zu den weitgehend problemlosen Massenbaustoffen — die Wahrnehmung zusätzlicher Funktionen wie Bedarfsweckung und Markterschließung, Marktbearbeitung, technische Beratung, Montage und Manipulation. Auf den verstärkten Trend zum do-it-yourself reagierte der Baustoffhandel mit dem Einstieg in die Einzelhandelsfunktion durch Aufbau von Hobby-Märkten und Baustoffmärkten.

Aufgrund der skizzierten Veränderungsvorgänge hat sich der Baustoffhandel vom reinen Verteilungsgroßhandel, dessen Hauptbetätigungsfeld ehemals im physischen Warenvertrieb, also der Wahrnehmung der Funktionen des räumlichen und zeitlichen Ausgleichs lag, zu einem Absatzmittler mit stark diversifiziertem Sortiment und einem umfassenden Dienstleistungsangebot entwickelt. Das Funktions- und Aktionsfeld hat sich dabei in horizontaler Richtung wie auch in vertikaler Richtung wesentlich vergrößert.

Der Baustoffgroßhandel ist in erster Linie Produktionsverbindungshandel. Nach den Ergebnissen der ergänzenden Repräsentativerhebung 1970 zur Handels- und Gaststättenzählung entfielen 63 % der gesamten Warenlieferungen auf die Abnehmer im Bereich der Bauindustrie und des Bauhandwerks. Der Umsatz mit den übrigen gewerblichen Abnehmern (Einzelhandel und sonstige gewerbliche Abnehmer) belief sich auf rd. 14 %. Die Lieferungen an andere Großhändler machten etwa 12 % aus. In diesem Umfang ist der Großhandel somit als Zentralgroßhandel tätig. Die Umsätze mit Letztverbrauchern hatten damals reichlich 9 % betragen. Der Export spielt für den Baustoffgroßhandel nur eine untergeordnete Rolle.

Seit 1970 sind teilweise erhebliche Verschiebungen eingetreten. Nach jüngsten Erhebungsergebnissen des Ifo-Instituts hat insbesondere die Einzelhandelsfunktion durch Errichtung von Baumärkten in ganz beachtlichem Umfang an Bedeutung gewonnen. Derzeit betreibt etwa jeder dritte Baustoffhändler einen Baumarkt bzw. ein Heimwerker-, Do-it-your-self- oder Hobbycenter. Der Umsatzanteil, der in dieser Sparte erzielt wird, hat offensichtlich bereits die 20 %-Marke überschritten. Mit steigender Unternehmensgröße nimmt dieser Anteil erheblich zu. Auch nach der Betriebs- bzw. Organisationsform sind deutliche Unterschiede in der Ausrichtung auf diesen neuen Vertriebstyp festzustellen. Die in einem Kooperationsverbund stehenden Firmen betreiben bereits etwa zur Hälfte entweder einen eigenen Baumarkt oder zumindest eine Spezialabteilung für Privat- und gewerbliche Kleinkunden. In etwas geringerem Umfang trifft dies auch für Tochterfirmen von Konzernunternehmen zu. Im selbständigen ungebundenen Großhandel scheint dagegen der Trend zum Aufbau eines Baumarktes bislang noch weniger weit fortgeschritten zu sein. Gleichwohl ist auch hier das Privatgeschäft ähnlich stark gewachsen wie bei den kooperierten und konzernabhängigen Mitbewerbern.

Die physischen Warenfunktionen Lagerhaltung und Transport werden vom Baustoffhandel nur teilweise in eigener Regie wahrgenommen. Insbesondere bei der Bewältigung der Transportaufgaben wird in starkem Maße das Speditions- und Transportgewerbe eingeschaltet. Im Durchschnitt ist dies bei knapp sieben Zehnteln der Unternehmen der Fall. Damit wird reichlich ein Drittel des gesamten erforderlichen Transportvolumens abgedeckt. Großunternehmen neigen tendenziell stärker zur Inanspruchnahme von Fremdleistungen: Hier steigt auch der Anteil des in Auftrag gegebenen Transportvolumens deutlich an (auf 40—50 %). Nach Organisationsformen hingegen zeigen sich keine Unterschiede im Ausmaß der Einschaltung fremder Transportorgane. Knapp ein Fünftel der Baustoffhändler bedient sich ganz oder — was häufiger anzutreffen ist — teilweise gewerblicher Lagerhalter. Soweit eine Ausgliederung vorgenommen wird, geschieht dies einmal aus Kapazitätsgründen, aber auch aus Rationalisierungs- und Kostenüberlegungen. Trotz erheblicher Anstrengungen in den zurückliegenden Jahren, die Lieferfähigkeit und -bereitschaft zu erhöhen, ist es dem Baustoffhandel noch nicht gelungen, Kapazitätsengpässe völlig zu überwinden. Bei rd. einem Fünftel der Firmen entspricht das vorhandene Lager nach eigener Aussage nicht den größenmäßigen Erfordernissen. Noch ausgeprägter sind die Lücken offensichtlich in bezug auf den Rationalisierungsstand. Ifo-Erhebungsergebnissen zufolge steht etwa die Hälfte der Unternehmen vor dem Problem einer unzureichenden Lagerorganisation bzw. einer noch nicht optimalen Steuerung des physischen Warendurchlaufs. Der Baustoffhandel ist jedoch im Interesse einer intensiven Funktionserfüllung in starkem Maße um einen Abbau der Lagerhemmnisse und um effizientere Steuerung des gesamten Lagerwesens bemüht. Die Erhebungsergebnisse deuten klar darauf hin, daß die Unternehmen damit den in bezug auf Sortimentsumfang und -tiefe ganz allgemein differenzierter gewordenen Kundenbedürfnissen besser entsprechen wollen.

b) Struktur und strukturelle Entwicklung

Nach der Umsatzsteuerstatistik des Statistischen Bundesamtes gab es 1976 7166 selbständige Baustoffgroßhandelsunternehmen. Im Jahre 1968 waren es 6348 Unternehmen gewesen. Der Baustoffhandel zählt damit zu den wenigen Großhandelsbranchen, in denen die Zahl der Firmen in den vergangenen Jahren noch zugenommen hat. Nach 1974 hat sich der Firmenbestand im Zuge der Abschwächung der Baukonjunktur allerdings etwas verringert. Im Mitgliederbereich des Bundesverbandes des Deutschen Baustoffhandels ist die Zahl der Unternehmen im Zweijahreszeitraum 1974/1976 um knapp 6 % zurückgegangen.

Es ist zu vermuten, daß es sich bei der Zahl von knapp 7200 nicht ausschließlich um funktionsechte Großhandelsunternehmen handelt. So wiesen 1976 allein 1231 Unternehmen einen Jahresumsatz von weniger als 100 000 DM auf, weitere 2089 Firmen entfielen auf die Größenklasse 100 000 bis 500 000 DM. Damit lag 1976 knapp die Hälfte der von der Statistik erfaßten Unternehmen unter der Umsatzschwelle von einer halben Million DM. Der Anteil der mit Jahresumsätzen von weniger als einer Million DM arbeitenden Unternehmen belief sich sogar auf drei Fünftel. Setzt man diese Marke als „Schwellenwert" für die Qualifikation als funktionsechter Baustoff-Großhändler, so verbleibt für 1976 ein Bestand von rd. 2900 Unternehmen.

Der Kooperationsgrad im Baustoffhandel ist — gemessen am Großhandelsdurchschnitt — relativ hoch. Es gibt in der Branche drei bedeutende überregionale Kooperationsgemeinschaften. Es sind dies die Gruppen Interpares, Hagebau sowie Interbaustoff mit jeweils rd. 100 Mitgliedsfirmen. Überdurchschnittlich hoch ist auch der Anteil der in ein Vertragsvertriebssystem eingebetteten Unternehmen. Gut ein Drittel der Firmen ist vertraglich an einen oder mehrere Hersteller gebunden, meist in der Form, daß der Hersteller dem Baustoffhändler für bestimmte Produkte die Exklusiv- bzw. Alleinvertriebsrechte für ein Gebiet einräumt. Rund ein Sechstel der gesamten Baustoffumsätze wird auf diese Weise getätigt. Der Vertragsvertrieb hat in den zurückliegenden Jahren im kooperierten wie auch im nichtkooperierten Bereich des selbständigen Großhandels und hierbei insbesondere bei den größeren Unternehmen spürbar an Bedeutung gewonnen. Man sieht hierin offensichtlich ein besonders wirksames Instrument, dem scharfen Wettbewerb in der Branche zu begegnen und sich neue Wachstumschancen zu eröffnen.

Der Filialisierungsgrad des Baustoffhandels entsprach bis zu Beginn der siebziger Jahre dem Durchschnitt des gesamten Großhandels: Rund ein Zehntel der Unternehmen waren Mehrbetriebsunternehmen mit durchschnittlich knapp drei Niederlassungen (einschließlich Hauptniederlassung). In den vergangenen Jahren hat die Filialisierung vor allem durch die Neuerrichtung von Baumärkten — dies sind derzeit bereits 1000 Betriebe —, aber auch durch den Aufbau zusätzlicher Niederlassungen stark zugenommen. Die Gesamtzahl der Betriebsstätten des institutionellen Baustoffgroßhandels ist — ausgehend von einem Bestand von 2900 „funktionsechten" Großhandelsunternehmen — derzeit auf mindestens 4000 zu veranschlagen. Hinzu kommt noch das Netz der bundesweit operierenden Konzern- und sonstigen Großunternehmen sowie das der landwirtschaftlichen Genossenschaften[4], so daß die Gesamtzahl aller Baustoffgeschäfte (einschließlich Baumärkte) auf etwa 4700 zu beziffern ist.

Der Gesamtumsatz der im Schwergewicht im Baustoffhandel tätigen Großhandelsunternehmen belief sich laut Umsatzsteuerstatistik 1976 auf 19 530,6 Mill. DM (ohne MWSt.). Im Jahre 1968 war in der Branche ein Gesamtergebnis von knapp 9 Mrd. DM erzielt worden. Die wert-

---

[4] Allein in Bayern dürften knapp rd. 400 örtliche Niederlassungen der Baywa sowie der Kreditgenossenschaften mit Warengeschäft im Baustoffhandel tätig sein.

mäßige Steigerung 1968/76 belief sich demnach auf knapp 120 %. Die reale Expansion betrug jedoch nur reichlich ein Drittel.

Um den reinen Baustoff-Großhandelsumsatz im funktionalen Sinne zu erhalten, sind die branchenfremden Umsätze der Baustoffgroßhändler sowie die Umsätze mit privaten Haushalten in Abzug zu bringen, zum andern die Baustoff-Umsätze der übrigen Großhandelsunternehmen hinzuzurechnen. Vom Gesamtumsatz der Baustoffhändler entfällt reichlich ein Zehntel auf Nicht-Baustoffe. Die Umsätze mit privaten Abnehmern wurden auf rd. 20 % veranschlagt. Somit ergibt sich für 1976 ein Baustoff-Großhandelsumsatz von knapp 14 Mrd. DM. Nach den Ergebnissen der ergänzenden Repräsentativerhebung zur Handels- und Gaststättenzählung beläuft sich der Marktanteil des institutionellen Baustoffhandels auf der Großhandelsstufe auf 85 %. Nennenswerte Bedeutung beim Absatz von Baustoffen besitzen daneben der Großhandel mit Rohstoffen und Halbwaren verschiedener Art, der Großhandel mit Brennstoffen und Mineralölerzeugnissen, der Holzhandel sowie der

Tabelle 1

Regionale Verteilung von Unternehmen und Umsätzen[a)]
im Großhandel mit Baustoffen

nach Bundesländern im Jahre 1974

Bundesland	Unternehmen Anzahl	Unternehmen %	Umsatz 1000 DM	Umsatz %
Schleswig-Holstein	270	3,7	809 876	4,5
Hamburg	175	2,4	786 657	4,3
Niedersachsen	702	9,7	2 511 618	13,8
Bremen	85	1,2	351 766	2,0
Nordrhein-Westfalen	2 598	36,0	5 487 767	30,2
Hessen	619	8,6	1 713 740	9,4
Rheinland-Pfalz	584	8,1	1 145 585	6,3
Baden-Württemberg	960	13,3	2 328 759	12,8
Bayern	994	13,8	2 391 168	13,2
Saarland	102	1,4	168 856	0,9
Berlin	131	1,8	474 611	2,6
Bundesgebiet insgesamt	7 220	100	18 170 403	100

a) Ohne Mehrwertsteuer.
Quelle: Statistisches Bundesamt, Umsatzsteuerstatistik.

Landhandel. Der Gesamtumsatz des institutionellen Großhandels an Baustoffen ist für 1976 auf reichlich 16 Mrd. DM zu beziffern. Hierin sind jedoch noch nicht die Baustoffumsätze der Konzernunternehmen sowie der im Baustoffsektor regional sehr bedeutenden landwirtschaftlichen Genossenschaften und der Kreditgenossenschaften mit Warengeschäft enthalten. Insgesamt, d. h. einschließlich der Einzelhandelstätigkeit, sind die Umsätze dieser Unternehmen größenordnungsmäßig auf etwa 3 Mrd. DM zu veranschlagen.

Die Beschäftigtenzahl des Baustoffhandels war in den vergangenen Jahren, insbesondere 1974/1975, stark rückläufig. Im Jahre 1972 war mit knapp 60 000 Beschäftigten (einschließlich Inhaber und mithelfende Familienangehörige) der Höchststand erreicht worden. Sie ist bis 1976 um rd. 16 % auf knapp 50 000 gesunken.

Die regionale Verteilung der Baustoffumsätze entspricht — mit einer Ausnahme — weitgehend der Struktur der gesamten wirtschaftlichen Aktivitäten. Als unterrepräsentiert erscheint auf den ersten Blick Bayern. Dies liegt in erster Linie daran, daß hier ein erheblicher Teil der Baustoffumsätze von landwirtschaftlichen Genossenschaften getätigt wird. Diese Umsätze treten statistisch nicht im Baustoffhandel in Erscheinung. Rund drei Zehntel der Umsätze entfallen auf Nordrhein-Westfalen und jeweils zwischen 13 und 14 % auf die Länder Niedersachsen, Baden-Württemberg und Bayern.

c) *Betriebswirtschaftliche Situation*

Informationen über die Spannen-, Kosten- und Ertragsentwicklung des Baustoffhandels bis 1972 liefern die Kostenstrukturstatistiken des Statistischen Bundesamtes. Da diese aber nur Angaben nach Größenklassen ausweisen, wurde das Gesamtergebnis anhand des Umsatzgewichtes der einzelnen Größenklassen berechnet. Darüber hinaus wird von der amtlichen Statistik eine Aufsplittung der Unternehmen nach dem Anteil der Streckenumsätze vorgenommen.

Die Handelsspannen im Baustoffhandel[5] sind von Mitte der sechziger bis Anfang der siebziger Jahre weitgehend konstant geblieben. Diese Feststellung gilt im wesentlichen auch für den Anteil der Gesamtkosten am Umsatz. Dem Baustoffhandel ist es damit gelungen, die steuerliche Gewinnquote — bei allerdings erheblichen zwischenzeitlichen Schwankungen — auf einem, gemessen am Großhandelsdurchschnitt, relativ hohen Niveau von rd. 4 % zu halten. Zwar liegen für den Zeitraum nach 1972 keine Angaben zur Gewinnentwicklung vor, die verfügbaren Daten über die Entwicklung der Kalkulationsspannen lassen jedoch

[5] Die folgenden Ausführungen gelten für Unternehmen mit weniger als 50 % Anteil der Streckenumsätze am Gesamtumsatz.

vermuten, daß es zu einer geringfügigen Verschlechterung der Gewinnsituation gekommen ist. Die Kosten dürften stärker gestiegen sein als der Umsatz, während der Rohertrag bzw. die Betriebshandelsspanne weitgehend konstant blieb.

Interessante Aufschlüsse vermittelt die Aufgliederung der Kosten- und Ertragsverhältnisse nach der Betriebsgröße. Ähnlich wie in vielen anderen Großhandelsbranchen nimmt auch im Baustoffhandel die Betriebshandelsspanne mit steigender Unternehmensgröße deutlich ab. Da dies jedoch auch in bezug auf die Fremdkostenspanne gilt, ist das Gefälle hinsichtlich der steuerlichen Gewinnquote wesentlich geringer. Bei exakter betriebswirtschaftlicher Betrachtung zeigt sich sogar, daß die Umsatzrendite der Großunternehmen mindestens ebenso groß ist wie in den unteren und mittleren Größenklassen.

Aus den Spannen-, Kosten- und Ertragsverhältnissen lassen sich interessante Rückschlüsse in bezug auf Wettbewerbsposition und -verhalten der Unternehmen ziehen. Man kann davon ausgehen, daß Großunternehmen deutlich günstigere, d. h. niedrigere Einkaufspreise erzielen als die anderen Mitwettbewerber. Die auf der Einkaufsseite erzielten Vorteile werden offensichtlich weitergegeben. Dieser Schluß läßt sich aus der Tatsache ableiten, daß der Handelsaufschlag in der obersten Größenklasse (10 bis 50 Mill. DM Jahresumsatz) deutlich niedriger ist als im Durchschnitt der Branche. Voraussetzung für das preisaktive Verhalten der Großunternehmen ist die Tatsache, daß diese Firmen erheblich kostengünstiger arbeiten als kleine und mittlere Unternehmen. Gleichwohl werden von den Großen im Baustoffhandel dieselben betriebswirtschaftlichen Umsatzrenditen erzielt, d. h. die preispolitischen Aktivitäten müssen — im Vergleich zu den Wettbewerbern im Bereich der kleineren und mittleren Unternehmen — nicht über eine Schmälerung der Gewinnmargen „erkauft“ werden. Die skizzierten Kosten- und Ertragsverhältnisse der Unternehmen mit einem Anteil des Streckengeschäftes von weniger als 50 % lassen sich auf den Bereich der übrigen Unternehmen übertragen. Dies gilt einmal hinsichtlich der Gesamtentwicklung, aber auch in bezug auf die Betriebsgrößenabhängigkeit von Spannen und Kosten. Abweichungen zeigen sich erwartungsgemäß im absoluten Niveau: Die Kostenspanne ist bei den Firmen, die überwiegend im Streckengeschäft tätig sind, wesentlich geringer (rd. 12 % gegenüber 18 %). Demzufolge kommen diese Unternehmen auch mit einem wesentlich kleineren Kalkulationsaufschlag aus. Der steuerliche Betriebsgewinn liegt hier bei rd. 3 %.

Tabelle 2: **Handelsspannen, Kosten und steuerliches Betriebsergebnis im Großhandel mit Baustoffen** [a)]
nach Unternehmensgrößenklassen in % des Umsatzes

Unternehmensgrößenklasse (Jahresumsatz in DM)	Handelsspanne			Kosten[b)]			Steuerliches Betriebsergebnis		
	1964	1968	1972	1964	1968	1972	1964	1968	1972
100 000 bis unter 500 000	24,5	28,7	—	18,3	21,8	—	6,2	6,9	—
500 000 bis unter 1 Mill.	24,4	23,9	24,4	18,9	20,7	19,8	5,5	3,2	4,6
1 Mill. bis unter 2 Mill.	22,5	23,0		17,9	19,5		4,6	3,5	
2 Mill. bis unter 5 Mill.	22,3	22,4	22,2	18,1	18,9	17,7	4,3	3,5	4,5
5 Mill. bis unter 10 Mill.	22,2	20,3	22,7	18,7	17,1	18,5	3,5	3,2	4,1[d)]
10 Mill. bis unter 50 Mill.[c)]	23,2	18,0	20,5	19,0	15,3	17,0	4,2	2,7	3,5
Insgesamt[e)]	22,9	21,8	21,9	18,5	18,3	17,9	4,4	3,5	4,0

a) Unternehmen mit einem Anteil des Streckengeschäftes von weniger als 50 %. — b) Ohne Unternehmerlohn und Zinsen für Eigenkapital. — c) 1968 bis unter 25 Mill. DM Jahresumsatz. — d) Rundungsdifferenzen. — e) Zusammengewichtung auf der Basis der Umsatzsteuerstatistik. — Nicht erfaßt.

Quelle: Statistisches Bundesamt, Kostenstrukturstatistik.

d) *Unternehmens- und Umsatzkonzentration*

Der im Handel allgemein zu beobachtende Trend der zunehmenden Verlagerung der Unternehmen, insbesondere aber der Umsätze, auf die oberen Umsatzgrößenklassen ist auch im Baustoffhandel festzustellen. Ferner sind die Umsätze je Unternehmen trotz eines bis 1974 währenden Anstiegs des Unternehmensbestandes stark gewachsen. Die durchschnittliche Betriebsgröße stieg im Zeitraum 1968 bis 1976 von 1,41 Mill. DM auf 2,73 Mill. DM. Damit haben sich die Umsätze je Unternehmen in einem Zeitraum von acht Jahren verdoppelt. Der Marktanteil der großen Unternehmen (über 25 Mill. DM Jahresumsatz) betrug 1976 — den Ergebnissen der Umsatzsteuerstatistik zufolge, die Konzern- und sonstige abhängige Unternehmen nicht erfaßt — rd. 28 % (1968: 12 %), der der mittleren Unternehmen (zwischen 10 und 25 Mill. DM Jahresumsatz) 23 % (1968: 17 %). In allen übrigen Größenklassen zeigt der Marktanteil stagnierende (5 bis 10 Mill. DM) bzw. stark rückläufige Tendenz (unter 5 Mill. DM).

Die Marktanteilsgewinne der großen Unternehmen sind einmal das Ergebnis stärkeren Wachstums dieser Firmen, zum anderen aber auch der Tatsache, daß zunehmend mehr Unternehmen in die oberen Größenklassen hineingewachsen sind. Die Zahl der Firmen mit Jahresumsätzen über 10 Mill. DM ist von 129 im Jahre 1968 auf 416 im Jahre 1976 gestiegen. Firmenzunahmen waren — wenn auch in geringerem Umfang — ferner im Größenbereich 5 bis 10 Mill. DM zu beobachten, ohne daß dies jedoch hier mit einem entsprechenden Marktanteilszuwachs verbunden war.

Bezieht man die Baustoffumsätze der in der Umsatzsteuerstatistik nicht erfaßten Unternehmen mit ein, so ergibt sich ein wesentlich höherer Konzentrationsgrad. Hierbei handelt es sich einmal um die Konzernfirmen, zum anderen um jene großen Handelsfirmen, die ihren Aktivitätsschwerpunkt außerhalb des Baustoffhandels haben, aber stark im Baustoffgeschäft engagiert sind und schließlich auch um die in einzelnen regionalen Räumen sehr marktstarken Waren- und Kreditgenossenschaften (z. B. Baywa in Bayern, WLZ in Baden-Württemberg). Die Umsätze dieser teils überregional tätigen Firmen beliefen sich im Jahre 1976 auf schätzungsweise knapp 3 Mrd. DM[6] (einschließlich Einzelhandelsaktivitäten). Das entspricht einem Marktanteil von etwa 15 bis 16 %. Die im Baustoffhandel tätigen Großunternehmen (über 25 Mill. DM Jahresumsatz) partizipieren danach am Gesamtmarkt zu reichlich zwei Fünfteln. Diese Größe bezieht sich auf den Bundesdurchschnitt.

---

[6] Rund die Hälfte davon vereinigen die VEBA-Tochterunternehmen Raab Karcher sowie Stinnes auf sich. Zu den größten Baustoffhändlern sind neben Stinnes und Raab Karcher die Firmen Haniel und Klöckner zu zählen.

Tabelle 3: **Unternehmen und Umsätze im Großhandel mit Baustoffen**
nach Unternehmensgrößenklassen

Unternehmens-größenklasse (Jahresumsatz in DM)	1968			1972			1974			1976		
	Unter-nehmen	Umsatz		Unter-nehmen	Umsatz		Unter-nehmen	Umsatz		Unter-nehmen	Umsatz	
		1000 DM	%		1000 DM	%		1000 DM	%		1000 DM	%
bis unter 500 000	3 448	597 961	6,7	3 159	578 853	3,3	3 334	600 319	3,3	3 254	582 629	3,0
500 000 bis unter 1 Mill.	997	700 930	7,8	1 005	733 907	4,2	993	710 524	3,9	999	720 202	3,7
1 Mill. bis unter 2 Mill.	858	1 218 980	13,6	1 013	1 453 421	8,3	1 038	1 503 865	8,3	936	1 345 533	6,9
2 Mill. bis unter 5 Mill.	701	2 178 131	24,3	978	3 041 274	17,5	1 027	3 250 642	17,9	1 054	3 363 647	17,2
5 Mill. bis unter 10 Mill.	235	1 620 408	18,1	444	3 100 498	17,8	474	3 347 256	18,4	507	3 522 846	18,0
10 Mill. bis unter 25 Mill.	104	1 537 671	17,2	263	3 988 769	22,9	261	3 992 463	22,0	304	4 538 714	23,2
25 Mill. und mehr	25	1 098 375	12,3	88	4 533 481	26,0	93	4 765 334	26,2	112	5 457 063	27,9
Insgesamt	6 348	8 952 456	100	6 950	17 430 203	100	7 220	18 170 403	100	7 166	19 530 634	100

Quelle: **Statistisches Bundesamt, Umsatzsteuerstatistik.**

Da sich die Aktivitäten einzelner Großunternehmen wie etwa der Genossenschaften auf bestimmte Regionen bzw. Bundesländer beschränken, ist der regionale Konzentrationsgrad teilweise noch höher zu veranschlagen. So beläuft sich beispielsweise im süddeutschen Raum der Marktanteil der fünf größten Unternehmen[7] auf deutlich über 50 %. In einzelnen Wettbewerbsräumen liegt er sogar noch darüber.

e) Entwicklung der Konzentration im Bereich der größten Unternehmen

Im Bereich der Warendistribution zählen Umsatzstrukturbetrachtungen nach Betriebs-/Organisationsformen und nach Umsatzgrößenklassen sowie Unternehmens- und Umsatzkonzentrationsraten nach Umsatzgrößenklassen zu den gebräuchlichsten Konzentrationsmaßen. Ihre Betrachtung bezieht sich jeweils auf das gesamte Marktfeld. Um auch Aussagen über die Entwicklung der Kräfteverhältnisse im Teilbereich der größten Unternehmen des Baustoffhandels treffen zu können, müssen Linda-Index[8] und Konzentrationsraten auf der Basis der Individualdaten von Firmen ermittelt werden.

Der Analyse- und Indikationsgehalt derartiger Konzentrationsmaße ist aufgrund der spezifischen Verhältnisse im Handel aber doch etwas anderer Art als etwa im Bereich der Industrie. Trotz der im gesamten Bundesgebiet zunehmenden Prägung der Handelsstrukturen durch Konzern- und Systemkonzentrationen ist bei der Wertung derartiger Konzentrationsaussagen zu bedenken, daß der Wettbewerb im Baustoffhandel sich überwiegend auf regionalen, teilweise nur lokalen Märkten abspielt und die verschiedenen Betriebsstätten eines Unternehmens vielfach in einem ganz anderen Konkurrenzfeld stehen und teilweise unterschiedlich agieren und reagieren müssen.

Um für einen typischen größeren Regionalraum entsprechende Konzentrationsaussagen treffen zu können, wurde der westdeutsche Raum ausgewählt und innerhalb dieses Gebietes eine Stichprobe der größten Unternehmen und Konzernniederlassungen gebildet. Sie beläuft sich für die Jahre 1970 bis 1976 auf 31 bis 35.

---

[7] Die Baywa sowie die landwirtschaftlichen Genossenschaften wurden hierbei als ein Unternehmen gezählt.

[8] Der Linda-Index ist das einfache arithmetische Mittel der (n—1) Verhältnisse (EO) zwischen der Durchschnittsgröße der ersten i Unternehmen und der Durchschnittsgröße der restlichen (n—i) Unternehmen, wobei jedes Verhältnis (EO) zuvor noch durch n geteilt wird.

$$L = \frac{\sum_{i=1}^{n-1} \frac{{}_{n}^{\mathrm{EO}}{}_{i/n-i}}{n}}{n-1}$$

Die Entwicklung der Konzentrationsrate zeigt, daß sich der Marktanteil der in die Stichprobe einbezogenen Großunternehmen im Untersuchungszeitraum sichtlich vergrößert hat (von 14,9 % auf 19,4 %), daß die Konzentrationsgewichte innerhalb der Gruppe der Unternehmen mit „relativer Marktmacht“ aber eher zum Ausgleich tendieren.

Das System der Linda-Indizes zeigt den Konzentrationsprozeß durch folgende Maßgrößen an:

— Der sog. „Oligopolbereich“[9] n^*_m ist sehr breit und war in allen Jahren seit 1970 im Rahmen der Stichprobe nicht begrenzbar. Dies deutet auf ein sehr weites Oligopol hin und läßt auf eine relativ ausgewogene Strukturierung des Kräfteverhältnisses zwischen den größten Unternehmen und damit einen unveränderten Fortbestand des Wettbewerbsgrades schließen.

— Die Kräfteverhältnisse im Bereich der in die Stichprobe einbezogenen größten Unternehmen lassen sich als „ausgeglichene“ Struktur[10] charakterisieren, wobei gerade in den letzten beiden Jahren eine Entwicklungsstabilität zum weiteren Ausgleich festzustellen ist.

— Die Zahl der potentiellen Marktführer blieb konstant bei 2[11]. Hierbei handelt es sich um Konzernbetriebe. Ihre Position gegenüber den übrigen Unternehmen der Stichprobe, die noch im Jahre 1970 ausgeprägt dominant war, hat sich permanent relativ abgeschwächt. Eine wettbewerbsbeherrschende oder -behindernde Marktstellung liegt nicht vor ($Ln^*_h < 1$)[12].

Die Strukturverhältnisse im Bereich der größten Baustoffhandelsunternehmen im untersuchten Regionalraum sind somit durch verhältnismäßig ausgewogene Kräfteverhältnisse und keine beherrschenden Stellungen gekennzeichnet.

---

[9] Der Oligopolbereich bezeichnet den Teil der größten Unternehmen in der Branche, für die oligopolistische Wettbewerbsbedingungen herrschen. Er umfaßt alle Unternehmen bis zum Minimum der Funktion L und wird durch n^*_m gemessen.

[10] Einteilung der Strukturgruppen:

— ausgeglichene Struktur: $Ln^* \leq 0,25$

— mittlere Struktur: $0,25 \leq Ln^* \leq 0,5$

— unausgeglichene Struktur: $1 \leq Ln^*$

Eine deutliche Annäherung von Ln^* an den Wert 2 deutet auf eine marktbeherrschende, wettbewerbshemmende Vormachtstellung der n^* Unternehmen hin.

[11] Der Wert n^*_h kennzeichnet die Zahl der potentiellen Marktführer.

[12] Eine wettbewerbsbehindernde Position liegt vor, wenn $Ln^*_h > 2$ ist.

Tabelle 4: **Entwicklung der Konzentration: Linda-Index (L) und Konzentrationsraten (CR)**
(Baustoffhandel)

Jahr	L und CR (%)	Linda-Index und Konzentrationsraten für n* =						Stichprobe		Linda-Index			
										Maximum		Minimum	
		5	10	15	20	25	30	n*	Ln* CRn*	n^*_h	Ln^*_h	n^*_m	Ln^*_m
1970	L	0,341	0,160	0,116	0,091	0,080	0,074	31	0,073	2	1,048	31	0,073
	CR	4,5	7,6	9,9	11,9	13,5	14,7		14,9				
1971	L	0,327	0,171	0,115	0,089	0,075	0,069	33	0,067	2	0,881	33	0,067
	CR	4,6	7,5	9,9	12,0	13,8	15,2		15,9				
1972	L	0,422	0,212	0,139	0,104	0,087	0,078	35	0,074	2	0,648	35	0,074
	CR	6,0	8,9	11,5	13,7	15,6	17,1		18,2				
1973	L	0,405	0,190	0,125	0,100	0,083	0,074	35	0,069	2	0,615	35	0,069
	CR	5,5	8,6	11,3	13,5	15,3	16,9		18,1				
1974	L	0,361	0,193	0,131	0,103	0,086	0,075	35	0,071	2	0,638	35	0,071
	CR	6,4	9,7	12,6	14,9	16,9	18,6		19,9				
1975	L	0,362	0,186	0,123	0,097	0,079	0,069	35	0,062	2	0,592	35	0,062
	CR	5,8	9,0	11,8	14,1	16,1	17,9		19,5				
1976	L	0326	0,174	0,118	0,093	0,076	0,067	35	0,058	2	0,518	35	0,058
	CR	5,5	8,8	11,5	13,8	15,9	17,4		19,4				

Quelle: Berechnungen und Schätzungen des Ifo-Instituts.

3. Wettbewerbssituation und -entwicklung

a) Entwicklung und Niveau der Wettbewerbsintensität

Der Baustoffhandel gehört zu den Großhandelsbranchen, in denen, bedingt durch gewandelte Anforderungen des Marktes an Sortiment und Leistungsumfang, durch konzentrative Entwicklungstendenzen, die in der Phase der Rezession am Baumarkt in ihrer Wirkung noch verstärkt wurden, sowie durch Eindringen vor dem „branchenfremder" Konkurrenten in den Markt eine beträchtliche Verstärkung des Wettbewerbs erfolgte. Rund 85 % der Unternehmen sprechen nach den Erhebungsergebnissen von einer erheblichen Intensivierung des Wettbewerbs in den letzten Jahren, rd. ein Zehntel ist der Meinung, daß der Intensitätsgrad des Wettbewerbs sich etwas erhöht hat und nur ein ganz kleiner Teil der Firmen (5 %) bewertet ihn als unverändert.

Mit der Konzentration und der unternehmenspolitischen Aggressivität im Markt haben sich die Wettbewerbsräume spürbar ausgeweitet, ist die Zahl der Konkurrenzbeziehungen größer geworden. Dabei empfinden die Großunternehmen sowie die kleineren Betriebe die Intensivierung des Wettbewerbs am stärksten, auch wenn es sich nur um graduelle Unterschiede zu den übrigen Unternehmensgrößen handelt. Das-

Tabelle 5

Entwicklung der Wettbewerbsintensität im Baustoffhandel im Urteil der Unternehmen
nach Unternehmensgrößenklassen

Unternehmens-größenklasse (Jahresumsatz in Mill. DM)	Nach Meinung von ... % der Unternehmen ist der Wettbewerb in den letzten Jahren			
	erheblich intensiver geworden	etwas intensiver geworden	gleich geblieben	schwächer geworden
unter 2	88	12	—	—
2 bis unter 4	85	9	6	—
4 bis unter 10	80	11	9	—
10 bis unter 20	79	18	3	—
20 und mehr	96	4	—	—
Insgesamt	84	11	5	—

Quelle: Erhebungen des Ifo-Instituts im Jahre 1977.

selbe gilt hinsichtlich der Qualifizierung des Intensitätsniveaus. Insgesamt wird der Wettbewerbsgrad als sehr hoch angesehen. Lediglich ein kleiner Teil von Unternehmen, insbesondere der mittleren Größenklassen, konnte sich offensichtlich marktraum- und/oder leistungsprogrammbedingt „Marktnischen“ erhalten, in denen der Wettbewerbsgrad vergleichsweise niedriger ist.

Tabelle 6

Intensität des Wettbewerbs im Baustoffhandel im Urteil der Unternehmen
nach Unternehmensgrößenklassen

Unternehmensgrößenklasse (Jahresumsatz in Mill. DM)	... % der Unternehmen beurteilen die Intensität des Wettbewerbs derzeit als			
	sehr hoch	hoch	mittel	schwach
unter 2	80	17	3	—
2 bis unter 4	50	35	15	—
4 bis unter 10	56	35	9	—
10 bis unter 20	49	46	5	—
20 und mehr	70	26	4	—
Insgesamt	58	35	7	—

Quelle: Erhebungen des Ifo-Instituts im Jahre 1977.

Daß unabhängig von der Unternehmensgröße vor allem die organisatorisch-kapitalmäßige Einbindung der Unternehmen in einen Verbund und damit die Möglichkeit zu konzentrierter Aktion und Reaktion auf Marktvorgänge von wesentlicher Bedeutung für die Sensibilität hinsichtlich Wettbewerbsintensität und -veränderung ist, wird durch die Erhebungsergebnisse auch in dieser Branche unterstrichen. Tochtergesellschaften von Konzernunternehmen, aber auch Mitgliedsfirmen von Kooperationsformen sprechen weniger häufig von einer Intensivierung des Wettbewerbs und bewerten den Wettbewerbsgrad nicht so hoch wie das Gros der traditionellen Baustoffhändler. Dies erklärt sich daraus, daß die Konzernunternehmen sowie sonstige System- und Integrationsgebilde aufgrund ihrer konstitutiven Vorteile auch in Marktprozessen auf der Handelsstufe häufiger die Rolle des innovierenden, marktaggressiven Konkurrenten innehaben, der Vorsprungsgewinne erzielt, während die übrigen Konkurrenten — weitgehend strukturbedingt —

sich häufiger in der „Verfolgungsphase“ befinden, in der sie die Wettbewerbsvorsprünge der Konkurrenz zu verkleinern bzw. abzubauen suchen (vgl. Anhangtabellen A 1 und A 2).

Basis für die Veränderungen in der Größe der Wettbewerbsräume sowie im Intensitätsgrad des Wettbewerbs bildeten umfangreiche strukturelle Umschichtungen hinsichtlich Gruppenzugehörigkeit von Betriebsstätten sowie Besatzdichte. Knapp die Hälfte der Firmen hatte in ihren Markträumen entsprechende Veränderungen zu verzeichnen, wobei es sich in erster Linie um Firmenaufkäufe und Firmenaufgaben, in geringerem Umfang um Fusionen handelt. Eine beachtliche Zahl von Unternehmen sah sich offensichtlich dem Wettbewerbsdruck und den veränderten Anforderungen von Seiten der Marktpartner nicht mehr gewachsen und mußte aus dem Markt ausscheiden. In erster Linie und hierbei in etwa ähnlicher Firmenhäufigkeit wird von Betriebsaufkäufen durch die VEBA-Töchter Raab Karcher und Stinnes-Stromeyer sowie durch die landwirtschaftlichen Genossenschaften, insbesondere in Bayern durch die Baywa, gesprochen.

Gerade unter dem Gesichtspunkt, daß der Wettbewerb sich im Baustoffhandel — trotz aller Ausweitungstendenzen — vorwiegend in engeren räumlich-geographischen Einheiten abspielt, sind regionale Vergleiche von besonderem Interesse. So zeigt sich etwa, wenn man die Räume Bayern sowie Nordrhein-Westfalen betrachtet, daß in Bayern markträumliche Strukturveränderungen in größerem Umfang erfolgten und auch der Intensitätsgrad des Wettbewerbs hier stärker zugenommen hat. Während in Bayern der Baywa eine außerordentlich stark ausgeprägte Aufkauf- und Konzentrationsintensität zugesprochen wird, wodurch die Gefahr einer für den Wettbewerb abträglichen Machtballung entstehe, sieht der mittelständische Baustoffhandel in Nordrhein-Westfalen ähnliches in der Expansion der VEBA-Unternehmen.

Eine gerade von Raab Karcher und Stinnes in jüngster Zeit praktizierte Standortpolitik, die offensichtlich darauf hinausläuft, daß eine Netzbereinigung und Konzentration in der Marktbearbeitung in der Form vorgenommen wird, daß an bisher gemeinsam gehaltenen Standorten der jeweils schwächere von dem stärkeren Partner übernommen wird, nährt die aus den Reihen des Mittelstandes geäußerten Vermutungen einer Reduzierung des konzerninternen Wettbewerbs.

Neben diesen in erster Linie von den Konzentrationsformen ausgelösten marktmorphologischen Veränderungen trugen aber auch die potenteren und leistungsfähigeren Unternehmen aus dem Bereich des traditionellen Baustoffhandels zu Veränderungen in den Wettbewerbsräumen und -beziehungen bei. Etwa zwei Fünftel der Unternehmen berichteten von organisatorischen und kapitalmäßigen Umstrukturie-

Tabelle 7: **Wertung der Wirkungen von Unternehmenskonzentrationen und Fusionen im Marktbereich des Baustoffhandels durch die Unternehmen**
nach Unternehmensgrößenklassen

Unternehmensgrößenklasse (Jahresumsatz in Mill. DM)	Durch Unternehmenskonzentrationen, Fusionen und Zusammenschluß großer Unternehmen erfolgte in den letzten Jahren nach Einschätzung von ... % der Unternehmen[a] in ihrem Marktbereich					
	keine wesentliche Veränderung des Wettbewerbs	eine erhebliche Verschärfung des Wettbewerbs	eine erhebliche Intensivierung speziell des Preiswettbewerbs	eine Beeinträchtigung der Wettbewerbsposition	eine Beschränkung bzw. Beeinträchtigung der Absatzmöglichkeiten	eine Beschränkung bzw. Beeinträchtigung der Beschaffungsmöglichkeiten
unter 2	18	42	61	30	18	33
2 bis unter 4	23	39	61	23	32	3
4 bis unter 10	28	42	55	22	19	5
10 bis unter 20	31	39	64	19	14	3
20 und mehr	13	56	74	17	31	4
Insgesamt	24	43	62	21	22	5

a) Mehrfachmeldungen waren möglich.
Quelle: Erhebungen des Ifo-Instituts im Jahre 1977.

rungen, wobei der Grad von Aktion und Reaktion in Nordrhein-Westfalen erheblich höher war als in Bayern. In erster Linie versuchten die Firmen durch Integration in Kooperationsgemeinschaften sowie durch Abschluß von Kooperationsverträgen mit anderen Großhandelsunternehmen gewisse Wettbewerbsnachteile gegenüber den Konzentrationsformen wenigstens zu verringern. Dabei handelt es sich um Unternehmen nahezu aller Größenklassen. Daneben nahm ein kleiner Teil der Unternehmen — in erster Linie kooperierte Firmen — auch Betriebsübernahmen oder Beteiligungen an anderen Großhandelsunternehmen vor.

Daß von den Konzentrationen, Fusionen und Zusammenschlüssen gerade im Bereich der großen Unternehmen Wirkungen auf das Wettbewerbsgeschehen im Baustoffhandel ausgehen, ist unübersehbar. Wesentlich gerade bei der wettbewerbspolitischen Wertung dieser Strukturveränderungen und ihrer Konsequenzen ist aber, auf welcher Breite und in welchem Ausmaß sie erfolgen. Da andere Indikatoren nicht verfügbar sind, müssen unter dem Gesichtspunkt der Problembezogenheit überprüfte Firmenwertungen hierfür herangezogen werden. Den Erhebungsergebnissen nach hat die Fortsetzung der Konzentration und Standortsicherung gerade durch die Konzernunternehmen sowie die landwirtschaftlichen Genossenschaften zu einer erheblichen Verschärfung des Wettbewerbs, speziell des Preiswettbewerbs geführt. Nur etwa ein Viertel der Firmen ist der Meinung, daß hierdurch keine wesentliche Veränderung des Wettbewerbs erfolgte.

Etwa ein Fünftel der Unternehmen und hierbei in erster Linie Kleinunternehmen mußten im Zuge der hiervon ausgehenden Umsatzschrumpfungen sowie des besonders bei homogenen Massenbaustoffen extrem scharfen Wettbewerbs eine Beeinträchtigung ihrer Wettbewerbsposition hinnehmen. In Bayern hatten derartige Wirkungen dabei offensichtlich noch größeres Ausmaß als etwa im westdeutschen Raum. Insgesamt sieht man im derzeitigen Konzentrationsgrad bereits deutliche Hemmnisse zur Verwirklichung der struktur- und mittelstandspolitischen Zielsetzung eines ausgewogenen Nebeneinander von Groß und Klein — dies gilt für Bayern noch in stärkerem Umfang als etwa für Nordrhein-Westfalen. Für den Fall einer Fortsetzung der Konzentration im Ausmaß der letzten Jahre — eine durchaus realistische Entwicklungsaussicht — würde die Marktmorphologie eine für die Qualität und zu einem späteren Zeitpunkt die Existenz des Wettbewerbs bedenkliche Form annehmen.

b) Entwicklung und Qualität der Wettbewerbsposition der Unternehmen

Die Wettbewerbsposition der Unternehmen und ihre Fähigkeit, sich den gewandelten Marktbedingungen anzupassen, hat im Zuge der zahlreichen Umstrukturierungsvorgänge, innerhalb derer die Konzern- und Filialkonzentration nur *eine* Komponente darstellt, auf breiter Basis eine Veränderung erfahren. Gut ein Drittel der Unternehmen hatte in den letzten Jahren eine Verschlechterung der Wettbewerbsposition hinzunehmen, ein nahezu ähnlich hoher Anteil dagegen eine Verbesserung. Die Stärke der Positionsverschlechterung dürfte aber größer gewesen sein als die Intensität der Positionsverbesserung. Das restliche Drittel der Unternehmen bezeichnete die Wettbewerbsposition als weitgehend unverändert.

Ein regionaler Vergleich macht deutlich, daß in Bayern im Zuge der hier überdurchschnittlich starken Konzentration und Intensivierung des Wettbewerbs das Ausmaß und die Stärke der Verschlechterung der unternehmerischen Wettbewerbsposition größer waren als in Westdeutschland. Nahezu die Hälfte der Baustoffhändler in Bayern — gegenüber knapp einem Fünftel in Westdeutschland — gab eine „negative" Wertung der Entwicklung der Wettbewerbsposition ab. Entsprechendes gilt auch für die Qualifizierung der derzeitigen Wettbewerbslage. Im Durchschnitt des Bundesgebietes beurteilt rd. ein Fünftel der Firmen die Wettbewerbslage als „schlecht" oder „sehr schlecht". In Bayern liegt der entsprechende Anteil bei über einem Viertel, in Westdeutschland bei rd. einem Zehntel. Nahezu 5 % dieser Firmen befinden sich in der akuten Gefährdungszone der Unternehmensexistenz.

Daß neben den spezifischen Marktraumverhältnissen die Unternehmensgröße und die Integration in einen Systemverbund für die Wettbewerbsfähigkeit von zunehmender Bedeutung sind, wird durch die Unternehmerurteile unterstrichen. Mit sinkender Unternehmensgröße spricht man häufiger von einer Verschlechterung der Wettbewerbsposition in den letzten Jahren und bewertet die derzeitige Wettbewerbslage auf größerer Firmenbreite als schlecht. Besonders gefährdet sind offensichtlich die Unternehmen unter 4 Mill. DM Jahresumsatz. Der Bereich der Existenzgefährdung konzentriert sich im Schwergewicht auf den ungebundenen Großhandel. Die kooperierten Baustoffhändler konnten dagegen den Marktstruktur- und Wettbewerbsveränderungen offensichtlich weit wirkungsvoller begegnen, wenngleich auch in diesem Bereich rd. ein Zehntel der Unternehmen von einer schlechten Wettbewerbsposition spricht. Bei den Konzernunternehmen hat sich die Wettbewerbskonstitution in den letzten Jahren noch verbessert und präsentiert sich durchweg als befriedigend (vgl. Anhangtabellen A 3 und A 4).

Tabelle 8: **Entwicklung der Wettbewerbsposition im Baustoffhandel im Urteil der Unternehmen**
nach Unternehmensgrößenklassen

Unternehmensgrößenklasse (Jahresumsatz in Mill. DM)	Bei ... % der Unternehmen hat sich die Wettbewerbsposition in den letzten Jahren				
	erheblich verbessert	etwas verbessert	nicht nennenswert verändert	etwas verschlechtert	erheblich verschlechtert
unter 2	—	12	34	31	23
2 bis unter 4	—	14	35	31	20
4 bis unter 10	9	23	34	19	15
10 bis unter 20	8	34	26	16	16
20 und mehr	18	19	41	13	9
Insgesamt	9	23	34	19	15

Quelle: **Erhebungen des Ifo-Instituts im Jahre 1977.**

Tabelle 9: **Wettbewerbsposition im Baustoffhandel im Urteil der Unternehmen**
nach Unternehmensgrößenklassen

Unternehmensgrößenklasse (Jahresumsatz in Mill. DM)	... % der Unternehmen beurteilen ihre derzeitige Wettbewerbsposition als				
	sehr gut	gut	befriedigend	schlecht	sehr schlecht
unter 2	—	11	49	31	9
2 bis unter 4	—	9	62	29	—
4 bis unter 10	2	18	63	13	4
10 bis unter 20	3	26	55	13	3
20 und mehr	—	22	70	4	4
Insgesamt	1	19	61	15	4

Quelle: Erhebungen des Ifo-Instituts im Jahre 1977.

c) Wettbewerbskonstellation nach Unternehmensgruppen

Qualitative Aussagen der Unternehmen über ihre Wettbewerbsbeziehungen im Markt lassen, gerade weil sie die Vielschichtigkeit und Unterschiedlichkeit deutlich machen und neben der Umsatzgröße auch das Wettbewerbsverhalten der Konkurrenten in die Bewertung einbeziehen, weit bessere Urteile über Marktstrukturen zu als reine Umsatzstrukturbetrachtungen.

Die landwirtschaftlichen Genossenschaften mit Aktivitäten im Baustoffhandel werden von den selbständigen Unternehmern eindeutig als stärkste unmittelbare Konkurrenten empfunden, wobei ihr Gewicht in Bayern überdurchschnittlich stark ausgeprägt zu sein scheint. Besonders die kleinen Firmen in ländlichen Räumen sehen sich in erheblichem Maße mit dieser Konkurrenz konfrontiert. Doch auch die großen Unternehmen in städtischen Bereichen und Ballungsräumen bezeichnen diese Unternehmensgruppe als stärkste unmittelbare Wettbewerber.

In ihrem Wettbewerbsgewicht als kaum geringer werden die Tochtergesellschaften von Konzernunternehmen und in dieser Gruppe in erster Linie die VEBA-Unternehmen empfunden. Aufgrund ihrer Größe und dadurch bedingt des Standortschwergewichtes in Städten und Großstadträumen stehen sie in erster Linie in direktem Wettbewerb mit größeren selbständigen Unternehmen. Ihre Bedeutung wird im westdeutschen Raum — bedingt durch die dort gegebene stärkere Marktpräsenz — höher veranschlagt als etwa in Bayern. Auffallend ist jedoch auch, daß sie dort trotz ihrer ersten Position in der Skala der stärksten Wettbewerber im Urteil der Firmen nur mit kleinem Abstand vor den ungebundenen Großhandelsunternehmen rangieren. In allen Wettbewerbsräumen empfinden Unternehmen in den Größenklassen zwischen 4 und 20 Mill. DM Jahresumsatz den Wettbewerbsdruck der Konzernunternehmen überdurchschnittlich stark. Ein nicht unerhebliches Wettbewerbsgewicht wird in allen Größenklassen auch der Gruppe der selbständigen, ungebundenen Großhandelsunternehmen zugesprochen, das allerdings deutlich unter dem der genossenschaftlichen Filialsysteme und der Konzerne liegt (vgl. Anhangtabelle A 5).

Unternehmen, die aufgrund der Standortnähe oder der Akquisitionsstärke sich in erster Linie in unmittelbarer Konkurrenz mit Konzernunternehmen, insbesondere aber Baustoffhandelsbetrieben von landwirtschaftlichen Genossenschaften befinden, hatten in erheblich größerem Umfang eine Verschlechterung ihrer Wettbewerbsposition zu verzeichnen und werten diese weniger günstig als Betriebe mit „ausgeglicheneren" oder vom traditionellen Baustoffhandel geprägten Konkurrenzstrukturen. Die Wettbewerbsintensität wurde in diesen Fällen offensichtlich in einem solchen Maße intensiviert, daß eine Anpassung

Tabelle 10: **Die stärksten unmittelbaren Konkurrenten im Baustoffhandel im Urteil der Unternehmen**
nach Unternehmensgrößenklassen

Unternehmensgrößenklasse (Jahresumsatz in Mill. DM)	Von ... % der Unternehmen[a] werden als stärkste unmittelbare Konkurrenten angesehen				
	Selbständige, ungebundene Großhandelsunternehmen	Selbständige, aber kooperierte Großhandelsunternehmen	Werkshandels- oder Vertriebsgesellschaften	Tochtergesellschaften von Konzernunternehmen	Genossenschaftlich organisierte Unternehmen
unter 2	35	32	17	35	88
2 bis unter 4	40	11	3	29	83
4 bis unter 10	41	20	6	52	52
10 bis unter 20	36	18	10	59	46
20 und mehr	31	23	23	46	69
Insgesamt	37	19	10	49	60

a) Mehrfachmeldungen waren möglich.
Quelle: Erhebungen des Ifo-Instituts im Jahre 1977.

bzw. ein „Mithalten" für viele mittelständische Betriebe nur schwer möglich war (vgl. Anhangtabelle A 6).

d) Einsatz der wettbewerbspolitischen Instrumente

Die Intensivierung des Wettbewerbs im Baustoffhandel hat dazu geführt, daß das verfügbare wettbewerbspolitische Instrumentarium auf größerer Breite und mit erhöhter Intensität eingesetzt wird. In der Wertigkeit der einzelnen Instrumente im Marketing-Mix der Unternehmen der verschiedenen Größenklassen zeigen sich gewisse Angleichungen.

Lieferfähigkeit und Lieferbereitschaft stellen, gefolgt von Beratung, Service sowie Sortimentsbreite, die wichtigsten Wettbewerbsparameter dar. Eine beachtliche Rolle wird insbesondere von den größeren Unternehmen auch ständigen Musterschauen und Ausstellungen zugeschrieben, ein Instrument, das gerade mit dem verstärkten Vordringen des Angebots von ganzen Problemlösungen und Leistungspaketen und dem Erfordernis der optischen Präsentation verschiedener Lösungsvarianten als Akquisitionsinstrument zunehmendes Gewicht erlangte. Die Sortimentsspezialisierung ist im Baustoffhandel weniger im Sinne einer Reduzierung der Sortimentsbreite, sondern mehr im Sinne der Pflege gewisser Exklusivitäten und Schwerpunkte zu sehen, die gegenüber der Konkurrenz eine Profilabhebung und damit einen Wettbewerbsvorsprung schafft. Mit zunehmender Unternehmensgröße gewinnt diese Sortimentskonzentration an Bedeutung; sie wird in ganz ausgeprägter Form von den Konzernunternehmen gepflegt.

Die Wettbewerbsinstrumente Preis und Rabatt sowie Kreditgewährung an die Abnehmer treten bei der Bewertung durch die Unternehmen zwar aufgrund der starken Bedeutungsverschiebung von den Massenbaustoffen zu den beratungs- und serviceintensiven „Problemlösungen" und damit der verstärkten Qualitäts- und Leistungsorientierung der Abnehmer in ihrer Wertigkeit gegenüber den echten Funktionsinstrumenten etwas zurück, sie sind aber in ihrer Einsatzstärke und Wettbewerbsrelevanz von nicht minderer Bedeutung. Gerade die Annäherung der Konkurrenten in der Praktizierung der übrigen Instrumente verschafft der Preiskomponente bei weitgehend vergleichbaren Leistungsprofilen noch mehr Bedeutung im Kampf um die Marktanteile. Vor allem die kleinen Unternehmen suchen auf die großbetriebliche Konkurrenz im Bereich der Preispolitik zu reagieren, um dadurch gewisse Marktvolumina zu halten. Gerade hierdurch aber erfolgt eine weitere Schwächung der Betriebsverfassung, da großteils nicht nur Ertragseinbußen, sondern echte Substanzverluste hingenommen werden müssen.

Tabelle 11: **Einsatz der Wettbewerbsinstrumente im Baustoffhandel im Urteil der Unternehmen**
nach Unternehmensgrößenklassen

Unternehmens-größenklasse (Jahresumsatz in Mill. DM)	Zur Erhaltung bzw. Verbesserung der Wettbewerbsfähigkeit legen ... % der Unternehmen[a] auf den Einsatz folgender Wettbewerbsinstrumente besonderes Gewicht								
	Lieferfähigkeit/ Lieferbereitschaft	Preis/ Rabatt	Breites Sortiment	Spezialisiertes Sortiment	Beratung	Service	Ständige Musterschau, Ausstellung	Kreditgewährung an die Abnehmer	Sonstige
unter 2	83	46	80	29	77	69	29	40	6
2 bis unter 4	86	34	69	29	69	51	40	31	6
4 bis unter 10	91	38	73	38	83	74	58	29	3
10 bis unter 20	92	28	67	46	87	85	72	23	—
20 und mehr	100	37	91	46	91	87	76	41	—
Insgesamt	92	35	74	39	83	76	61	30	2

a) Mehrfachmeldungen waren möglich.
Quelle: Erhebungen des Ifo-Instituts im Jahre 1977.

Der hohe „Sensibilitätsgrad" der Unternehmen gerade im Bereich der Preispolitik und damit die starke Wettbewerbsrelevanz dieses Instrumentes wird besonders deutlich im Urteil der traditionellen Baustoffhandelsunternehmen über die Wertigkeit der einzelnen Wettbewerbsinstrumente bei den Konzernunternehmen und den Genossenschaftsunternehmen. Praktisch alle Firmen sind der Meinung, daß diese Wettbewerber in erster Linie preispolitisch orientiert sind und hierdurch bereits einen beachtlichen Verdrängungswettbewerb entfacht haben. Die Basis hierfür würde auf der Beschaffungsseite gelegt, wo Nachfragemacht in beachtlichem Umfang ausgespielt und Bestellvolumina zentral gesteuert würden.

Die Zentralen dieser Gruppen fordern nach Aussagen von Firmen des traditionellen Baustoffhandels von Industriefirmen teilweise einen Vorab-Bonus dafür, daß sie ihre Niederlassungen verpflichten, nur bei ihnen zu ordern. Dieser Bonus soll sich im Durchschnitt auf etwa 3 % des gesamten Produkt-Umsatzes des Konzerns bzw. der Gruppe belaufen. Additionsmengen aus dem Bereich des Mittelstandes seien dagegen deutlich unterlegen. Soweit hierbei vertragsvertriebliche Beziehungen zwischen Industrie und Großabnehmern bestehen, werden diese nicht als wettbewerbsbeeinträchtigend empfunden, da gerade im Fertigelementebereich die Anbieterstruktur durch eine große Zahl von Unternehmen, produktmäßige Vielfalt und Vergleichbarkeit hinsichtlich der Verkehrsgeltung gekennzeichnet ist. Nachfragemacht würde aber nicht nur beim Wareneinkauf, sondern auch bei der Aushandlung der Transporttarife durch die Großfilialisten ausgespielt.

Da die Kreditierungsfunktion offensichtlich in den letzten Jahren in noch stärkerem Maße als bislang als wichtige Komponente großhändlerischer Leistung angesehen wird, besitzen Unternehmen, die in ihrem Verbund eine entsprechende Finanzierungsinstitution haben und damit über besonders günstige Möglichkeiten der Refinanzierung verfügen, über einen zusätzlichen Wettbewerbsvorteil („Geld und Ware in einer Hand"). Das trifft in Bayern insbesondere für die Baywa mit der Organisation der Raiffeisenbanken im Hintergrund zu.

Darüberhinaus wird gerade in Bayern im Bereich der mittelständischen Großhandelsunternehmen die Integration des stärksten Wettbewerbers, nämlich der Baywa, in den genossenschaftlichen Verbund sowie die steuerrechtliche Begünstigung der Genossenschaftsgruppe als verstärkendes Moment der Konzentrationsentwicklung und der Positionsschwächung der kleinen und mittleren Betriebe bewertet. Steuerliche Sondervorschriften für Genossenschaften gelten im Bereich der Körperschaftssteuer, daneben auch für die Gewerbeertragssteuer. Die Erbschaftssteuer, ein für viele mittelständische Betriebe existenzbeeinträchtigender Steuerposten, fällt hier nicht an. Darüber hinaus bestehen im Genossenschaftsbereich abweichende Gewinnermittlungsvorschriften. Als gewichtigster fiskaler Vorteil wird hier allgemein die Möglichkeit der steuerfreien Warenrückvergütung angesehen, die den Kreditgenossenschaften mit Warenverkehr zusätzliche Umsatz- und Ertragschancen und damit auch eine zusätzliche Kapitalbildung ermögliche.

Daß bei der Bewertung der Wettbewerbsinstrumente der Konzerne und landwirtschaftlichen Genossenschaftsbetriebe durch die traditionellen Baustoffhändler die übrigen Instrumente mit keinem besonders hohen Stellenwert versehen werden, ist nicht etwa als Unterschätzung dieses Leistungsteils der Großanbieter zu werten, sondern ein Ausfluß der Einsicht in die eigene Wettbewerbsunterlegenheit bei den Instrumenten Preis und Kreditgewährung (vgl. Anhangtabellen A 7 und A 8).

Um den Konzentrationsvorgängen im Markt zu begegnen, Wettbewerbsnachteile zu verringern sowie eine verbesserte Basis für die Betriebserhaltung und Existenzsicherung zu erreichen, sieht ein beachtlicher Teil von Unternehmen die bisherige Organisations- und Kapitalstruktur sowie die bisherige Form der Betätigung im Baustoffmarkt nicht mehr als ausreichend an. Knapp drei Viertel der Unternehmen des gesamten institutionellen Baustoffhandels haben bereits konkrete Pläne für Reaktionsmaßnahmen; dabei ist der Anteil im Bereich des kooperierten Handels deutlich höher als im ungebundenen Handel. Die Pläne zielen im Schwergewicht auf eine verstärkte Integration in einen Kooperationsverbund ab, sei es in Form der institutionalisierten Gemeinschaften oder auch der lockeren regionalen und lokalen ad-hoc-Kooperationen. Soweit die Unternehmen bereits Kooperationsformen angehören, sucht man eine Intensivierung der Zusammenarbeit in allen betrieblichen Gestaltungsbereichen. Die im Unternehmensbereich häufig getroffene Feststellung, daß das Kooperationspotential im Markt weitgehend ausgeschöpft sei, wird durch die Erhebungsergebnisse nicht widerlegt. Es zeigt sich aber, daß gerade bei den Unternehmen mittlerer Größe eine nicht unerhebliche Zahl kooperationswillig ist.

Ein weiterer Schwerpunkt im Instrumentarium der Marktanpassung scheint in der verstärkten Orientierung zur Einzelhandelstätigkeit hin in Form des Aufbaues von Baumärkten zu liegen. Dieser Aktivitätszweig, der in den letzten Jahren bereits stark an Bedeutung gewonnen hat, dürfte in den kommenden Jahren weiter ausgebaut werden.

Ob in dieser Anpassungsmaßnahme für den Großteil der Unternehmen die Gewähr für eine Positionskonsolidierung liegt, muß bezweifelt werden. Zum einen wird dieser Sortimentsbereich und Angebotstyp verstärkt auch von Betriebsformen des Einzelhandels gepflegt — etwa in Form der Spezialisierung von Verbrauchermärkten sowie des Aufbaus von Do-it-yourself- und Hobbymarkt-Filialketten —, zum anderen

Tabelle 12: **Reaktionsmaßnahmen der Unternehmen im Baustoffhandel auf Konzentrationsvorgänge im Markt**

nach Unternehmensgrößenklassen

Unternehmensgrößenklasse (Jahresumsatz in Mill. DM)	Als Reaktion auf die im Markt vor sich gehenden Konzentrationsvorgänge beabsichtigen ... % der Unternehmen[a] folgende Maßnahmen						
	Eintritt in eine Kooperationsgemeinschaft	Verstärkung der der Kooperation	Einbindung bzw. Verstärkung der Einbindung in ein Vertragsvertriebsverhältnis mit der Industrie	Fusion mit anderen selbständigen Großhandelsunternehmen	Verkauf des Unternehmens bzw. von Anteilen des Unternehmens	Diversifizierung durch Betätigung in einer anderen Branche	Aufbau eines Baumarktes
unter 2	—	—	—	13	25	50	38
2 bis unter 4	27	23	9	14	18	27	50
4 bis unter 10	14	42	10	8	8	36	54
10 bis unter 20	10	77	23	3	7	23	47
20 und mehr	5	58	31	10	9	19	45
Insgesamt	12	52	18	8	9	28	49

a) Mehrfachmeldungen waren möglich.

Quelle: Erhebungen des Ifo-Instituts im Jahre 1977.

aber sehen gerade auch die Konzerntöchter und die landwirtschaftlichen Genossenschaften darin gute Expansionschancen, die sie bereits in den letzten Jahren zunehmend genutzt haben, (z. B. Raab Karcher mit den „Kermos-Baumärkten", Stinnes mit der Gruppe „Selbermachen & Co", Baywa mit den „Grünen Warenhäusern"). Sowohl unter dem Aspekt der Standortsicherung als auch der Betriebsgröße sind diese Wettbewerber überlegen.

Auch in der Diversifizierung, in der Betätigung in einer anderen Branche, sehen insbesondere die kleinen Unternehmen eine Chance, dem starken Wettbewerbs- und Existenzdruck auf dem Baumarkt auszuweichen. Daß auch im Bereich der Konzernunternehmen bereits Grenzen der Expansion aufgrund der starken Konkurrenz und Konzentration abgesehen werden, zeigt die auch hier feststellbare Tendenz zu Diversifizierungsmaßnahmen. Ein Teil der mittelständischen Unternehmen sieht keine Möglichkeit, als eigenständige Unternehmenseinheit weiter zu existieren. Teilweise beabsichtigt man Fusionen mit anderen Großhandelsunternehmen (rd. 8 % der Unternehmen), ein beachtlicher Teil (knapp ein Zehntel) sieht aber nur noch im Verkauf des Unternehmens bzw. von Anteilen des Unternehmens einen letzten Ausweg vor einem möglichen Konkurs. Angesichts des Vordringens der Konzentrationsgebilde, nicht zuletzt in Form der landwirtschaftlichen Genossenschaften, die nach Aussagen betroffener Unternehmen diese quasi zu Verkauf oder Verpachtung unter Hinweis auf ihre erhebliche Konkurrenzstärke drängten, ist die „Entmutigungswirkung" im Bereich des Mittelstandes teilweise bereits soweit fortgeschritten, daß diese Unternehmen bei Konzernen um Übernahme ersuchen. Warenbestand und Mobilien werden dabei meist käuflich übernommen, die Immobilien angemietet. Soweit Beteiligungen von Konzernen bis zu 50 % erfolgen, geht der Pari-Anteil des mittelständischen Unternehmens bei Kapitalerhöhung meist verloren.

Neben der kapitalmäßigen und kooperativen Integration in einen Verbund strebt ein Teil der Firmen eine verstärkte Einbindung in industrielle Vertragsvertriebssysteme zur Sicherung von Exklusiv- und Gebietsschutzrechten an. Mit zunehmender Unternehmensgröße und damit größerem Wettbewerbsraum setzt man in größerem Umfang auf diese Anpassungsmaßnahme (vgl. Anhangtabelle A 9).

e) *Längerfristige Existenzchancen im Urteil der Unternehmen*

Die Urteile der Firmen über ihre längerfristigen Geschäftsaussichten und Existenzchancen können als Indikationsgrößen für die zu erwartenden weiteren Veränderungen in der Wettbewerbskonstellation und -konstitution verwendet werden. Danach bezeichnet das Gros der Firmen (60 %) seine Existenzchancen weiterhin als befriedigend, ein kleiner Teil (14 %) als gut. Über ein Viertel der Firmen dagegen beurteilt sie als „schlecht". Diese Angaben signalisieren zum einen, daß sich gegenüber Anfang der siebziger Jahre — trotz der zahlreich erfolgten Betriebsaufgaben und -verkäufe mittelständischer Unternehmen — der Gefährdungsbereich erheblich verbreitert hat; 1972 hatte lediglich ein Zehntel der Firmen ein negatives Urteil abgegeben. Zum anderen machen sie deutlich, daß vom derzeitigen Stand der Wettbewerbsposition aus ein Teil der Firmen mit einer weiteren Verschlechterung der Unternehmensverfassung rechnet. Der Anteil der akut gefährdeten Unternehmen wird somit in den kommenden Jahren noch größer werden. Betroffen davon werden in erster Linie die Kleinstunternehmen, daneben aber auch Großunternehmen insbesondere des nichtkooperierten Bereichs sein. Die ersteren deshalb, weil sie großteils weder von der Kapitalausstattung noch der Qualifikation der Unternehmensführung her die Voraussetzungen für die erforderlichen Anpassungsmaßnahmen haben, die letzteren aufgrund der direkten Konfrontation mit den Großfilialisten und Konzernen, die vermutlich noch zunehmen und neben Ertrags- auch Substanzeinbußen mit sich bringen wird. Insgesamt betrachtet wird der Bereich der Existenzgefährdung in den Unterneh-

Tabelle 13

Die längerfristigen Existenzchancen im Baustoffhandel im Urteil der Unternehmen
nach Unternehmensgrößenklassen

Unternehmensgrößenklasse (Jahresumsatz in Mill. DM)	... % der Unternehmen beurteilen ihre Geschäftsaussichten und Existenzchancen auf längere Sicht als		
	gut	befriedigend	schlecht
unter 2	—	50	50
2 bis unter 4	9	54	37
4 bis unter 10	12	63	25
10 bis unter 20	15	70	15
20 und mehr	23	50	27
Insgesamt	14	60	26

Quelle: Erhebungen des Ifo-Instituts im Jahre 1977.

mensgrößenklassen unter 4 Mill. DM am größten sein (vgl. Anhangtabelle A 10).

Der Wettbewerbsdruck im Baustoffhandel hat in Bayern bereits in den letzten Jahren stärker zugenommen als im westdeutschen Raum. Auch für die kommenden Jahre ist hier aufgrund der überdurchschnittlichen Konzentrationsintensität mit einer merklichen Verbreiterung des Bereichs der Existenzgefährdung von Unternehmen zu rechnen. Über ein Drittel der Firmen — dabei handelt es sich um Unternehmen aller Größenklassen — bezeichnet die längerfristigen Geschäftsaussichten als schlecht. Angesichts dieser Firmenwertungen und -perspektiven erscheint es sehr fraglich, ob die von den Unternehmen geplanten und eingeleiteten Anpassungsmaßnahmen bei unveränderter Fortsetzung des Konzentrationstempos Erfolg zeitigen. Ein beachtlicher Teil dieser Unternehmen dürfte über kurz oder lang zur Betriebsaufgabe gezwungen sein.

Untersucht man das wettbewerbspolitische Instrumentarium der Firmen mit „negativen Perspektiven", so fällt auf, daß diese die „Funktionalinstrumente" offensichtlich auf ähnlicher Breite einsetzen wie die Firmen mit positiven Geschäftserwartungen, daß aber die Preispolitik und die Kreditgewährung hier einen überdurchschnittlich hohen Stellenwert einnehmen. Da die mittelständischen Unternehmen hierbei aber in keinem Falle gegenüber den Integrationssystemen Terrain halten können, ohne Substanzverluste hinzunehmen, verschlechtert sich ihre Wettbewerbsfähigkeit eher noch weiter.

II. Chemiehandel

1. Marktvolumen und Stellung des Chemiegroßhandels im Rahmen der Distribution

Die gesamte inländische Produktion an Chemieprodukten belief sich im Jahre 1975 auf 71,3 Mrd. DM. Die Exporte waren in diesem Jahr mit 28,7 Mrd. DM etwa doppelt so hoch wie die Einfuhren. Die Inlandsverfügbarkeit an Chemieprodukten betrug 1975 56,7 Mrd. DM. Im Jahre 1976 stieg sie um rd. 14 % auf knapp 65 Mrd. DM. Gegenüber 1968 bedeutet dies eine Zunahme von beinahe 100 %.

Die Umsätze des Chemiegroßhandels lassen sich nicht exakt quantifizieren. Die Umsatzsteuerstatistik erfaßt in der Position „Großhandel mit technischen Chemikalien und Rohdrogen" für 1976 1058 Unternehmen mit einem Gesamtumsatz von 6,47 Mrd. DM. Nach Auffassung des Bundesverbandes des Deutschen Chemiehandels sind in der Branche jedoch nur rd. 100 funktionsechte Binnengroßhandelsunternehmen tätig. Einschließlich der überwiegend im Außenhandel tätigen Unternehmen sind es knapp 200 Firmen. Der gesamte Chemiegroßhandelsumsatz (einschließlich Exportumsätze) wird vom Verband auf 5 bis 6 Mrd. DM geschätzt. Diese Zahlenwerte entsprechen etwa dem Umsatz jener Unternehmen, die nach der Umsatzsteuerstatistik in den Größenklassen über 2 Mill. DM angesiedelt sind[13]. Auf diese Firmen entfiel 1976 ein Umsatz von 6,1 Mrd. DM. Unter Ausschaltung des „branchenfremden" Sortiments sowie der Exportumsätze verbleibt ein Umsatz von 4,1 Mrd. DM. Unter Einbeziehung der in der Umsatzsteuerstatistik nicht erfaßten organschaftlich verbundenen Handelsunternehmen von Konzernfirmen ergibt sich für 1976 ein Inlandsumsatzvolumen von 6,1 Mrd. DM. Geht man von dieser Größe aus, so errechnet sich unter Berücksichtigung der Großhandelsspanne — sie beträgt im Durchschnitt rd. 18 % — ein Chemiehandelsvolumen von 5,0 Mrd. DM. Davon dürfte jeweils die Hälfte auf das sog. Großgeschäft und auf das Platzgeschäft mit vorwiegend Standard-Chemikalien entfallen. Der Einschaltungsgrad des Chemiegroßhandels in den Inlandsabsatz von Chemieprodukten beträgt etwa 7—8 %. Dieser Anteil erscheint auf den ersten Blick gering. Es ist jedoch zu bedenken, daß der Chemiegroßhandel vorwiegend nur in den Vertrieb von chemischen Fertigprodukten eingeschaltet ist. Das „großhandelsfähige" Volumen im Chemiebereich ist deshalb wesentlich niedriger als die gesamte Inlandsverfügbarkeit an Chemieprodukten. Der Anteil der vorwiegend zur Weiterverarbeitung und zum Konsum bestimmten Spezialerzeugnisse an der gesamten Binnenmarktversorgung beträgt rd. drei Viertel. In die Distribution der übrigen Chemieerzeugnisse, d. s. im wesentlichen anorganische und organische Industriechemikalien, ist der Chemiegroßhandel zu knapp drei Zehnteln eingeschaltet.

2. Leistungs- und Erscheinungsbild des Chemiegroßhandels

a) Funktionenprofile

Der Chemiegroßhandel ist in aller Regel reiner Produktionsverbindungshandel. Sein Betätigungsfeld reicht von der Zentralgroßhandelsstufe (einschließlich Im- und Export) bis zur örtlichen Großhandelsstufe. Der Breite und Tiefe des Funktionsfeldes entsprechend haben sich mehrere Unternehmensgruppen mit spezifischen Aktivitätsschwerpunkten herausgebildet. Es sind dies im wesentlichen folgende Gruppen:

— Internationale und überregionale Händler: Bei den Unternehmen dieser Gruppe handelt es sich fast durchweg um sehr umsatzstarke

[13] Die unter dieser Grenze liegenden Unternehmen können kaum als funktionsechte Chemiegroßhändler angesprochen werden.

Firmen. Ihr Distributionsfeld reicht in der Regel bis zur regionalen Stufe.

— Regionale Verteiler und Platzhandel: Der Großteil der Unternehmen dieser Gruppe besitzt meist einen regionalen Schwerpunkt. Hauptbetätigungsfeld ist das Platzgeschäft. Dies erfordert eine entsprechend umfangreiche Lagerhaltung. Der Gruppe der regionalen bzw. lokalen Verteiler gehören auch einige sehr große, überdurchschnittlich marktstarke Handelsunternehmen an, die an den wichtigsten Industriestandorten vertreten sind. Der Großteil der Unternehmen dieser Kategorie sind jedoch mittelständische, zum Teil kooperierte Firmen mit Umsatzgrößen zwischen 10 und 20 Mill. DM.

— „Schreibtischhändler" und Makler: Sie haben ihren Standort überwiegend an marktstrategisch wichtigen Plätzen (z. B. Hamburg, Bremen). Die physische Warendistribution spielt ebenso wie die Lagerhaltung keine nennenswerte Rolle. Diese Unternehmen bilden — neben den regionalen Händlern — die zahlenmäßig stärkste Gruppe.

— Spezialisierte Händler: Das Verkaufsprogramm dieser Firmen ist auf bestimmte Produktgruppen beschränkt. Meist bestehen langfristige Abnahmeverträge mit bestimmten Herstellern.

Der Chemiegroßhandel stellt im Markt für chemische Fertigprodukte einen bedeutenden Absatzmittler dar. Einer relativ geringen Zahl von Herstellern steht ein weitverzweigtes, heterogenes Verbrauchernetz gegenüber. Der Direktabsatz der Hersteller spielt nur im Großgeschäft eine Rolle. Eine der Hauptfunktionen im Inlandsabsatz liegt im Mengenumschlag. Die bedarfsgerechte Flächenverteilung wäre ohne den Chemiehandel nicht möglich. Die Stärke des Chemiehandels ist die volle und durchgehende Lieferbereitschaft bzw. -fähigkeit für alle chemischen Fertigprodukte in den gewünschten Mengen. Die mit Abstand wichtigste Kundengruppe stellen die zahlreichen gewerblichen Verwender dar. Industrielle Großabnehmer partizipieren zu knapp drei Fünfteln, Kleinabnehmer aus dem Industriebereich zu reichlich einem Viertel am Absatzvolumen des Chemiehandels. Diese Anteile blieben in den vergangenen Jahren weitgehend unverändert. Das gilt offensichtlich auch für die Lieferungen an andere Großhandelsunternehmen („Subgrossisten"), auf die nach wie vor rd. ein Zehntel der Umsätze entfällt. Die Zentralgroßhandelsfunktion erstreckt sich somit nur über einen relativ geringen Teil des gesamten Distributionsfeldes. Sie wird ganz überwiegend von konzernabhängigen Großunternehmen (über 50 Mill. DM Jahresumsatz) wahrgenommen. Der Umsatz mit Kunden außerhalb von Industrie und Großhandel ist praktisch unbedeutend.

Die physischen Warenfunktionen Transport sowie Lagerhaltung werden vom Chemiehandel in beachtlichem Umfang ausgegliedert und auf gewerbliche Speditions-, Transport- und Lagereiunternehmen übertragen. Erhebungsergebnissen des Ifo-Instituts zufolge bedient sich mehr als die Hälfte aller Chemiegroßhändler — zumindest teilweise — gewerblicher Lagerhalter. Diese Unternehmen decken damit rd. ein Drittel des gesamten durchschnittlichen Lagervolumens ab. Mit steigender Betriebsgröße nimmt der Anteil der Fremdleistungen ganz erheblich zu. Die teilweise Ausgliederung der Lagerhaltung erfolgt einmal, um Nachfragespitzen ausgleichen, zum anderen, um den hohen Anforderungen, die produktbedingt an die Lagerung der Waren gestellt werden, durch Einschaltung von Spezialunternehmen gerecht werden zu können. Ein weiterer wesentlicher Grund für die Ausgliederung liegt auch darin, daß die Lager des Chemiehandels derzeit und auch auf längere Sicht hinsichtlich des Rationalisierungsstandes sowie des Standortes teilweise nicht voll den Geschäftserfordernissen entsprechen. Es sind deshalb in der Branche umfangreiche Lagermodernisierungs- und -rationalisierungsmaßnahmen geplant, die nicht selten mit einem Standortwechsel verbunden sein werden.

Auch beim Transport schaltet der Chemiehandel häufig gewerbliche Spezialunternehmen ein. Rund drei Viertel der Unternehmen — insbesondere große sowie selbständige ungebundene Firmen — beschreiten diesen Weg. Damit werden etwa zwei Fünftel des gesamten Transportvolumens des Großhandels abgedeckt. Die in einer Kooperationsgemeinschaft organisierten Firmen dagegen nehmen die Transportfunktion überwiegend in eigener Regie wahr.

Neben der physischen Warendistribution und Mengentransformation kommt der anwendungsorientierten Produktberatung der Abnehmer große Bedeutung zu. Der After-Sale-Service umfaßt neben der Produktinformation vor allem auch Hilfestellung bei den vielfältigen und komplizierten rechtlichen Fragen und Problemen in bezug auf Behandlung, Manipulation und Lagerung der Waren. Der Chemiehandel unterstützt seine Kunden auch in beachtlichem Maße bei der Lösung der in Zusammenhang mit der Abfallbeseitigung anstehenden Probleme.

Die Bedeutung des Chemiegroßhandels als Absatzmittler hat sich in den zurückliegenden Jahren tendenziell erhöht. Die Hälfte der befragten Großhandelsfirmen gab an, daß das Funktionsfeld des Handels größer geworden ist. Insbesondere bei den kooperierten Firmen hat die Funktionsintensität offensichtlich erheblich zugenommen.

b) Struktur und strukturelle Entwicklung

Nach der Umsatzsteuerstatistik gab es 1968 835 Chemiehandelsunternehmen. Einschließlich des Großhandels mit Fetten und Ölen für technische Zwecke belief sich die Firmenzahl auf 967. In der Folgezeit hat sich der Firmenbestand kontinuierlich erhöht, in jüngerer Zeit blieb er weitgehend unverändert. Ende 1976 bestanden 949 bzw. einschließlich der Sparte Fette und Öle 1058 Unternehmen des Chemiegroßhandels. Der Kreis der funktionsechten Großhändler ist jedoch nur auf reichlich 200 Firmen zu veranschlagen. Der Großteil der Chemiehandelsfirmen sind selbständige ungebundene Unternehmen. Einem Kooperationsverbund gehört rd. ein Fünftel der Unternehmen an[14]. Es handelt sich dabei überwiegend um Unternehmen im Größenbereich zwischen 10 und 50 Mill. DM Jahresumsatz. Im nichtkooperierten Bereich liegt dagegen mehr als die Hälfte der Firmen unter der 10 Mill.-Schwelle.

Der Filialisierungsgrad ist im Chemiegroßhandel höher als in den meisten anderen Großhandelsbranchen. Im Durchschnitt entfallen auf 100 Unternehmen 116 Niederlassungen. Das bedeutet, daß etwa jedes sechste Unternehmen neben dem Stammhaus eine Filiale unterhält. Mit steigender Unternehmensgröße nimmt der Filialisierungsgrad erheblich zu. Im Bereich der größeren und großen Unternehmen (über 10 Mill. DM Jahresumsatz) hat im Durchschnitt jedes Unternehmen eine zweite Betriebsstätte. Damit entfallen rd. drei Viertel aller Zweigniederlassungen auf diesen Firmenbereich.

Der Gesamtumsatz des Großhandels mit technischen Chemikalien und Rohdrogen belief sich 1968 laut Umsatzsteuerstatistik auf 2,16 Mrd. DM. Er ist bis 1976 auf 4,92 Mrd. gestiegen. Unter Einbeziehung der Branche „Fette und Öle für technische Zwecke" — in der Produktionsstatistik steht dieser Sparte die Position „industrielle Öle, Fette und Fettsäuren" gegenüber — ergab sich für 1976 ein Gesamtumsatz von 6,47 Mrd. DM. Er hat sich in einem Zeitraum von 8 Jahren mehr als verdoppelt. Die mit Abstand höchsten Zuwachsraten wurden dabei in den Jahren 1973/1974 erzielt. Die nominale Expansion der Umsätze war in erheblichem Maße auf Preissteigerungen zurückzuführen. Im Zeitraum 1968/1976 erhöhten sich die Großhandelsabgabepreise insgesamt um 57 %. Die mengenmäßige Absatzsteigerung betrug reichlich drei Fünftel. Das entspricht einer durchschnittlichen jährlichen Absatzsteigerung von 6,4 %. Mit dieser Rate zählte der Chemikaliengroßhandel in den vergangenen Jahren zu den „Wachstumsbranchen" des Produktionsverbindungshandels.

Vom Gesamtumsatz des Chemiehandels entfallen im Durchschnitt knapp drei Zehntel auf das Streckengeschäft. Größere und Großunternehmen wickeln einen wesentlich höheren Anteil ihres Absatzes über

[14] Der Kooperationsbegriff ist hierbei weit gefaßt. Hierunter sind auch nicht- institutionalisierte bzw. lose Formen der Zusammenarbeit zu verstehen. Die bedeutendste institutionalisierte Kooperationsgemeinschaft ist die Penta-Gruppe.

Strecke ab als kleine und mittlere Firmen. Bei den Großen in der Branche (über 50 Mill. DM Jahresumsatz) erreichen die das eigene Lager nicht berührenden Lieferungen Anteile von rd. 50 %. Im Bereich der mittelgroßen Firmen schwankt dieser Anteil zwischen 20 und 30 %. Kleinfirmen liefern fast ausschließlich ab Lager.

Dominant ist das Streckengeschäft mit rd. 75 % Anteil bei den Tochtergesellschaften von Konzernfirmen. Bei den Vertragshändlern, d. h. Unternehmen, die im Rahmen von Vertragsvertriebsvereinbarungen eng an einen oder mehrere Hersteller gebunden sind, wird rd. die Hälfte des Umsatzes über Strecke abgewickelt.

Das Streckengeschäft hat in den zurückliegenden Jahren offensichtlich etwas an Bedeutung gewonnen, und zwar insbesondere bei den mittelgroßen Firmen des selbständigen Großhandels. Bei den großen Unternehmen (über 50 Mill. DM) traten dagegen keine nennenswerten Verschiebungen zwischen Lager- und Streckengeschäft ein.

Im Chemiegroßhandel waren 1976 knapp 9000 Personen beschäftigt, um 17 % mehr als 1968. Damit liegt der Chemiegroßhandel in bezug auf die Personalausweitung mit an der Spitze aller Großhandelsfachzweige. Im gesamten Produktionsverbindungshandel waren die Beschäftigtenzahlen im Zeitraum 1968—1976 sogar leicht rückläufig. Ein Beschäftigtenzuwachs fand im Chemiegroßhandel allerdings ausschließlich bei den größeren und großen Unternehmen statt. Die durchschnittliche Beschäftigtenzahl im Chemiehandel beläuft sich derzeit auf 70 Personen. In den großen Unternehmen der Branche sind in der Regel 130 bis 150 Personen tätig.

Die regionalen Schwerpunkte des Chemiehandels liegen in Nordrhein-Westfalen, Hessen sowie — bedingt durch die starke regionale Konzentration des Chemieaußenhandels — in Hamburg. Knapp drei Viertel aller Umsätze entfallen auf diese Bundesländer.

c) Betriebswirtschaftliche Situation

Die Ertragssituation hat sich in den zurückliegenden Jahren etwas verschlechtert. Bereits im Zeitraum 1964 bis 1972 war es zu einer deutlichen Verringerung der steuerlichen Gewinnmarge gekommen (von 5,5 % auf 2,8 %). Davon betroffen waren in erster Linie die Unternehmen mit über 5 Mill. DM Jahresumsatz. Der Druck auf die Erträge ging zu einem erheblichen Teil von der Kalkulationsseite aus. Die Handelsspannen konnten unter dem zunehmenden Wettbewerbsdruck nicht gehalten werden. Von 1968 bis 1972 hat sich die Kalkulationsspanne von 17,3 auf 16,0 % verringert. Für die Zeit nach 1972 lassen sich nur Tendenzaussagen machen. Die Entwicklung der Rohertragsquoten deutet auf eine weitere Einengung der Gewinnmargen hin. In den umsatz-

Tabelle 14: **Handelsspannen, Kosten und steuerliches Betriebsergebnis im Großhandel mit technischen Chemikalien und Rohdrogen**

nach Unternehmensgrößenklassen in % des Umsatzes

Unternehmensgrößenklasse (Jahresumsatz in DM)	Handelsspannen			Kosten[a)]			Steuerliches Betriebsergebnis		
	1964	1968	1972	1964	1968	1972	1964	1968	1972
100 000 bis unter 500 000	31,1	30,3	—	22,2	18,7	—	9,0	11,6	—
500 000 bis unter 2 Mill.	24,7	24,7	23,5	18,9	20,3	18,2	5,8	4,4	5,4[b)]
2 Mill. bis unter 5 Mill.	19,0	23,8	21,3	14,7	18,4	16,5	4,3	5,4	4,8
5 Mill. bis unter 25 Mill.	21,7 (5 bis unter 250 Mill. zusammen)	22,3	19,2	16,4 (5 bis unter 250 Mill. zusammen)	19,0	16,1	5,3 (5 bis unter 250 Mill. zusammen)	3,3	3,1
25 Mill. bis unter 250 Mill.		11,8	13,8		9,4	11,5		2,4	2,3
Insgesamt[c)]	22,3	17,3	16,0	16,8	13,9	13,2	5,5	3,4	2,8

— Nicht erfaßt. — a) Ohne Unternehmerlohn und Zinsen für Eigen kapital. — b) Rundungsdifferenzen. — c) Zusammengewichtung auf der Basis der Umsatzsteuerstatistik.

Quelle: Statistisches Bundesamt, Kostenstrukturstatistik.

starken Jahren 1973 und 1974 konnte die Kalkulationsspanne zwar gehalten werden, doch dürfte es angesichts der allgemeinen Kostenexpansion bereits zu einer Verschlechterung der Ertragslage gekommen sein. Das Jahr 1975 brachte sodann einen starken Einbruch. Die Umsätze gingen spürbar zurück, die Kalkulationsspanne ermäßigte sich um rd. drei Prozentpunkte. Es ist deshalb anzunehmen, daß der Chemiegroßhandel 1975 in die Verlustzone geraten ist. Das Jahr 1976 brachte zwar wieder eine kräftige Absatzbelebung, doch konnten die Einbrüche des Vorjahres nicht ausgeglichen werden. Das steuerliche Betriebsergebnis dürfte — gemessen am Umsatz — weniger als 2 % betragen haben.

Die in vielen Fachzweigen des Großhandels festzustellende Betriebsgrößenabhängigkeit der Kostenspanne — die Fremdkosten, d. h. die Gesamtkosten ohne kalkulatorische Kosten, nehmen häufig bis weit in die oberen Größenklassen hinein zu[15] — ist im Chemiehandel nicht zu beobachten. In bezug auf die Gewinnspanne besteht aber ein Zusammenhang. Die mit steigender Betriebsgröße kleiner werdende steuerliche Gewinnquote ist jedoch nicht kosten-, sondern kalkulationsbedingt. Große Unternehmen arbeiten offensichtlich mit wesentlich geringeren Durchschnittsspannen als mittelgroße und kleine Firmen.

d) Unternehmens- und Umsatzkonzentration

Im Chemiegroßhandel ist der Grad der Umsatzkonzentration insgesamt außerordentlich stark. Diese Feststellung läßt sich allein schon auf der Basis der Umsatzsteuerstatistik treffen, obwohl dabei die im Chemiesektor tätigen Handelstöchter großer Konzernunternehmen nicht erfaßt sind. Auf die Unternehmen mit mehr als 25 Mill. DM Jahresumsatz entfiel 1976 mehr als die Hälfte aller institutionellen Chemiegroßhandelsumsätze[16]. Die verfügbaren statistischen Unterlagen erlauben auch einen Einblick in die Konzentrationsvorgänge. Die zunehmende Verlagerung der Umsätze auf die oberen Umsatzgrößenklassen war nicht allein auf ein überdurchschnittlich starkes Wachstum der größeren Firmen zurückzuführen, sondern auch auf das Hineinwachsen von ehemals mittleren Unternehmen in höhere Umsatzgrößenklassen. So hat sich die Zahl der Firmen mit Jahresumsätzen von über 10 Mill. DM allein in den sechs Jahren zwischen 1970 und 1976 verdoppelt. Der tatsächliche Konzentrationsgrad ist jedoch noch wesentlich höher, als er in der Umsatzsteuerstatistik zum Ausdruck kommt. Beträchtlich erhöht sich

[15] Unter Berücksichtigung der kalkulatorischen Kostenarten kehrt sich dieser Trend allerdings wieder um, da diese Positionen in den unteren Größenklassen weit stärker zu Buche schlagen.

[16] Nach Umsatzsteuerstatistik. Hier sind branchenfremde Umsätze sowie Auslandsumsätze der im Chemiehandel tätigen Unternehmen (ohne Konzernfirmen) mitenthalten.

Tabelle 15: **Unternehmen und Umsätze im Chemiegroßhandel**
nach Unternehmensgrößenklassen

Unternehmens-größenklasse (Jahresumsatz in DM)	1968			1972			1974			1976		
	Unter-nehmen	Umsatz		Unter-nehmen	Umsatz		Unter-nehmen	Umsatz		Unter-nehmen	Umsatz	
		1000 DM	%		1000 DM	%		1000 DM	%		1000 DM	%
bis unter 500 000	625	91 079	3,6	558	87 077	2,5	523	83 723	1,4	511	84 803	1,3
500 000 bis unter 1 Mill.	97	68 666	2,7	136	97 899	2,8	121	88 613	1,5	124	86 227	1,3
1 Mill. bis unter 2 Mill.	91	133 214	5,3	97	140 912	4,0	98	139 265	2,3	121	172 370	2,7
2 Mill. bis unter 5 Mill.	80	258 341	10,3	97	313 126	9,0	115	365 683	6,0	126	401 622	6,2
5 Mill. bis unter 10 Mill.	27	199 956	7,9	54	382 499	10,9	65	481 897	8,0	60	408 304	6,3
10 Mill. bis unter 25 Mill.	28	425 250	16,9	38	612 619	17,5	55	852 365	14,0	93	1 948 267	30,1
25 Mill. und mehr	19	1 340 263	53,3	31	1 861 625	53,3	47	4 050 264	66,8	23	3 372 730	52,1
Insgesamt	967	2 516 769	100	1 011	3 495 757	100	1 024	6 061 810	100	1 058	6 474 323	100

Quelle: Statistisches Bundesamt, Umsatzsteuerstatistik.

Tabelle 16: **Linda-Index (L) und Konzentrationsraten (CR) im Handel mit Standardchemikalien**
im Jahre 1976 (Variable : Umsätze)

		n* =						Stichprobe		Linda-Index			
										Maximum		Minimum	
		2	4	6	8	10	15	n*	L_n^* / CR_n^*	n^*_h	Ln^*_h	n^*_m	Ln^*_m
Variante A[a]	L	0,750	0,514	0,342	0,315	0,307	0,256	28	0,176	2	0,750	8	0,315
	CR	25,0	37,5	47,5	53,5	57,5	65,2		77,2				
Variante B[a]	L	1,150	0,701	0,544	0,522	0,462	0,358	26	0,230	2	1,150	6	0,544
	CR	33,0	45,5	53,5	57,5	61,0	67,5		77,2				

a) Variante A: Die VEBA-Unternehmen werden hierbei als einzelne Unternehmenseinheiten geführt. Variante B: Die VEBA-Unternehmen werden hierbei als Konzerneinheit betrachtet.

Quelle: Berechnungen und Schätzungen des Ifo-Instituts.

der Marktanteil der großen Unternehmen (über 25 Mill. DM Jahresumsatz), wenn man die Konzernunternehmen, die in den letzten Jahren teilweise in erheblichem Umfang Unternehmensaufkäufe tätigten, miteinbezieht[17]. Der Chemiehandelsabsatz der Konzernfirmen im Inland belief sich 1976 auf reichlich 2 Mrd. DM. Das bedeutet, daß allein auf sie gut ein Drittel der Chemiegroßhandelsumsätze[18] entfällt. Alle Unternehmen mit mehr als 25 Mill. DM Jahresumsatz partizipieren zu mehr als 70 % am Gesamtmarkt. Die zehn größten im Chemiehandel tätigen Firmen dürften rund die Hälfte aller Umsätze auf sich vereinigen.

Beschränkt man sich bei der Strukturbetrachtung auf die größten Unternehmen und dabei auf das „Platzgeschäft" mit Standard-Chemikalien, so zeigt sich auf der Basis des Linda-Konzentrationsindex[19], daß der Oligopolbereich[20], d. h. der Bereich der Unternehmen mit Marktmacht, relativ eng ist. Die sechs größten Unternehmen bzw. -gruppen partizipieren mit rd. 54 % am gesamten Marktvolumen an Standardchemikalien auf der Stufe „unterhalb voller Ladung". Der Konzentrationsgrad ist damit hier eher noch höher als im Gesamtdurchschnitt des Chemiehandels. Das Kräfteverhältnis zwischen den Unternehmen mit Marktmacht und dem Bereich der übrigen in die Stichprobe einbezogenen größten Unternehmen läßt sich als „mittlere Struktur" charakterisieren.

Die Position der potentiellen Marktführer[21] ist dominant. Ihre Kräfterelation ist zwar nicht mehr als ausgeglichen, jedoch auch nicht als wettbewerbsbeherrschend oder -behindernd zu qualifizieren. Das gilt sowohl bei Betrachtung der VEBA-Unternehmen Brenntag, Raab Karcher und Emesco als einzelne Unternehmenseinheiten als auch bei Behandlung als Gesamtkonzern.

3. Wettbewerbssituation und -entwicklung

a) Entwicklung und Niveau der Wettbewerbsintensität

Der Wettbewerb im Chemiehandel hat sich in der Bundesrepublik Deutschland in den letzten Jahren beachtlich verstärkt. Das läßt sich sowohl anhand von Indikatoren als auch von Firmenurteilen erkennen.

---

[17] D. s. im wesentlichen die Tochterunternehmen von VEBA (Brenntag, Raab Karcher, Emesco) sowie die Firmen Klöckner, F. Hamm (Schering) und Chemag (BASF).

[18] Nur Inlandsabsatz an Chemikalien in geschätzter Höhe von 5,6 Mrd. DM.

[19] Zu Definition und Erklärung vgl. Fußnoten in Kapitel I. 2. e.

[20] Der Bereich, für den oligopolistische Wettbewerbsbedingungen herrschen, umfaßt alle Unternehmen bis zum Minimum der Funktion L und wird durch n^*_m gemessen.

[21] Der Wert n^*_h kennzeichnet die Zahl der potentiellen Marktführer.

Indikatoren dafür sind u. a. die Ausweitung der Wettbewerbs- und Markträume, die Erhöhung der Zahl der unmittelbaren Konkurrenten, die Verbreiterung des wettbewerbspolitischen Instrumentariums sowie der ausgeprägtere und intensivere Einsatz der Preispolitik als akquisitorisches Instrument. Eine Qualifizierung der Wettbewerbsvorgänge durch die Unternehmen unterstreicht dieses Urteil. 85 % der Unternehmen sprechen von einer erheblichen Verstärkung des Wettbewerbs in den letzten Jahren, 15 % qualifizieren den Wettbewerb in seiner Entwicklung als „etwas intensiver geworden".

Tabelle 17

Entwicklung der Wettbewerbsintensität im Chemiehandel im Urteil der Unternehmen
nach Betriebsformen

Betriebsform	Nach Meinung von ... % der Unternehmen ist der Wettbewerb in den letzten Jahren			
	erheblich intensiver geworden	etwas intensiver geworden	gleich geblieben	schwächer geworden
Selbständiges, ungebundenes Großhandelsunternehmen	89	11	—	—
Selbständiges, aber kooperiertes Großhandelsunternehmen	91	9	—	—
Selbständiges, aber durch Vertragsvertrieb an Hersteller gebundenes Großhandelsunternehmen	43	57	—	—
Tochtergesellschaft eines Konzernunternehmens	65	35	—	—
Insgesamt	85	15	—	—

Quelle: Erhebungen des Ifo-Instituts im Jahre 1977.

Bedingt durch die Fortsetzung des Konzentrationsprozesses auf hohem Niveau bekamen offensichtlich die großen Unternehmen in noch stärkerem Maße als die kleineren und mittleren die Wettbewerbsverschärfung zu spüren. Eine Aufgliederung der Erhebungsergebnisse nach Betriebsformen macht deutlich, daß besonders der Bereich des traditionellen kooperierten und nichtkooperierten Großhandels von einer Verstärkung des Wettbewerbsgrades betroffen wurde. In vergleichsweise schwächerem Ausmaß bekamen dagegen Unternehmen, die eng in industrielle Vertragsvertriebssysteme eingebunden sind, die Veränderung in der Wettbewerbslandschaft zu spüren (vgl. Anhangtabelle A 11).

Noch deutlicher als das Entwicklungsbild deutet das Situationsbild darauf hin, daß der Wettbewerb im Chemiehandel einen sehr hohen Intensitätsgrad erreicht hat. Nur 3 % der Unternehmen qualifizieren die Wettbewerbsintensität mit „mittel". Im übrigen spricht man von einem „sehr hohen" oder „hohen" Wettbewerbsgrad. Mit zunehmender Unternehmensgröße wird — bedingt durch die steigende Größe der Wettbewerbsräume und damit die wachsende Zahl von Wettbewerbern und Wettbewerbsbeziehungen — der Intensitätsgrad des Wettbewerbs grundsätzlich als höher eingestuft. Lediglich Unternehmen der Größenklasse 50 bis unter 100 Mill. DM Jahresumsatz sprechen nicht ganz so häufig von einem sehr hohen Wettbewerbsgrad wie Unternehmen der übrigen Größenklassen (vgl. Anhangtabelle A 12). Dies dürfte jedoch seinen Grund weniger in der speziellen Unternehmensgröße als vielmehr in der Organisationsform dieser Unternehmen haben. Tochtergesellschaften von Konzernunternehmen, insbesondere aber selbständige, in industrielle Vertragsvertriebssysteme integrierte Großhandelsunternehmen empfinden die Wettbewerbsschärfe weit weniger intensiv als die traditionellen selbständigen Firmen.

Die wettbewerblichen Veränderungen, denen sich die Unternehmen gegenübersehen, sind im Schwergewicht auf strukturelle Wandlungen in ihren Markträumen, wie Fusionen und Aufkäufe von Unternehmen durch Groß- oder Konzernunternehmen zurückzuführen, resultieren teilweise aber auch aus eigenen strukturellen Aktions- und Reaktionsmaßnahmen, durch die sich die Wettbewerbsbeziehungen der Unternehmen zumeist verbreitern. Etwa ein Drittel der Unternehmen und hierbei insbesondere solche des kooperierten Bereichs, nahmen in den letzten Jahren unternehmerisch-organisatorische bzw. -vermögensrechtliche Umstrukturierungen vor. Dabei handelt es sich in erster Linie um Übernahmen eines anderen bzw. Beteiligung an einem anderen Großhandelsunternehmen der Branche, daneben auch um Abschluß spezieller Kooperationsverträge mit anderen Großhändlern. Über die Hälfte der Unternehmen sah sich im engeren Marktraum mit unternehmensstrukturellen Veränderungen der Konkurrenten konfrontiert, wobei es sich in erster Linie um Firmenaufkäufe, -fusionen sowie Betriebsaufgaben handelte. Der Grundtenor dieser Aussagen und Meldungen geht dahin, daß die Konzernunternehmen — hier wird häufig das VEBA-Unternehmen Raab Karcher genannt — durch Aufkauf teilweise bedeutender Regionalhändler die Marktdurchdringung weiter erhöhen und dadurch

Tabelle 18

Intensität des Wettbewerbs im Chemiehandel im Urteil der Unternehmen
nach Betriebsformen

Betriebsform	... % der Unternehmen beurteilen die Intensität des Wettbewerbs derzeit als			
	sehr hoch	hoch	mittel	schwach
Selbständiges, ungebundenes Großhandelsunternehmen	56	42	2	—
Selbständiges, aber kooperiertes Großhandelsunternehmen	74	26	—	—
Selbständiges, aber durch Vertragsvertrieb an Hersteller gebundenes Großhandelsunternehmen	43	—	57	—
Tochtergesellschaft eines Konzernunternehmens	24	76	—	—

Quelle: Erhebungen des Ifo-Instituts im Jahre 1977.

die regionalen Wettbewerberstrukturen zunehmend geprägt werden von den Eigenheiten und Charakteristika des überregionalen Konzernwettbewerbs.

Gerade die Wettbewerbswirkungen dieser Unternehmenskonzentrationen, Fusionen und Zusammenschlüsse sind offensichtlich von besonderer Relevanz. Nach den Unternehmerurteilen und -wertungen gehen von den marktmorphologischen Veränderungen erhebliche Einflüsse auf den Wettbewerb aus. Lediglich ein Zehntel der Unternehmen ist der Meinung, daß hiervon der Wettbewerb in seiner Intensität und Qualität nicht beeinflußt wird. Diese Meinung wird in erster Linie von kleinen und mittleren Unternehmen vertreten. Soweit Konzentrationsvorgängen Wettbewerbsrelevanz zuerkannt wird, spricht man von einer erheblichen Verschärfung des Wettbewerbs, insbesondere des Preiswettbewerbs. Teilweise sieht man darin auch das Entstehen von Machtballungen mit der Wirkung, daß über hohe Auftragsvolumina die Beschaffungsbedingungen und damit auch die Absatzchancen der übrigen Marktpartner zu konkurrenzfähigen und mit der erforderlichen Marge verbundenen Preisen beeinträchtigt werden. So ist es nach Aussagen von Firmen, darunter auch von Großunternehmen, vereinzelt bereits

Tabelle 19: **Wertung der Wirkungen von Unternehmenskonzentrationen und Fusionen im Marktbereich des Chemiehandels durch die Unternehmen**
nach Unternehmensgrößenklassen

Unternehmensgrößenklasse (Jahresumsatz in Mill. DM)	Durch Unternehmenskonzentrationen, Fusionen und Zusammenschluß großer Unternehmen erfolgte in den letzten Jahren nach Einschätzung von ... % der Unternehmen[a] in ihrem Marktbereich					
	keine wesentliche Veränderung des Wettbewerbs	eine erhebliche Verschärfung des Wettbewerbs	eine erhebliche Intensivierung speziell des Preiswettbewerbs	eine Beeinträchtigung der Wettbewerbsposition	eine Beschränkung bzw. Beeinträchtigung der Absatzmöglichkeiten	eine Beschränkung bzw. Beeinträchtigung der Beschaffungsmöglichkeiten
unter 2	50	50	50	—	—	—
2 bis unter 5	45	44	34	22	11	11
5 bis unter 10	20	50	70	20	10	20
10 bis unter 20	8	54	62	15	15	8
20 bis unter 50	11	67	78	11	12	11
50 bis unter 100	—	75	75	25	25	50
100 und mehr	—	50	50	—	—	50
Insgesamt	13	58	65	16	13	19

a) Mehrfachmeldungen waren möglich.
Quelle: Erhebungen des Ifo-Instituts im Jahre 1977.

zu Marktzugangsbeschränkungen gekommen. Diese äußern sich darin, daß es für Unternehmen, die nicht zu Konzernen gehören, immer schwieriger wird, mit „vertretungswürdigen" Produzenten abzuschließen. Das gilt insbesondere auch für das Auslandsgeschäft, speziell mit Staatshandelsländern. Daß Firmenaufkäufe und Konzentrationen in regionalen Räumen zu strukturellen Ungleichgewichten führen können, die die Gefahr der Beeinträchtigung von Qualität und Existenz des Wettbewerbs in sich bergen, wird am Beispiel des Frankfurter Großraums sowie von Berlin deutlich. Durch Übernahme von Firmen (z. B. Kalbow und Röhl) hat die VEBA-Gruppe nach übereinstimmender Aussage von Mitwettbewerbern in diesen Gebieten einen Marktanteil zwischen 70 und 80 % über die gesamte Produktpalette des Chemiegroßhandels hinweg. Das wettbewerbliche Gewicht ist dabei um so höher zu veranschlagen, als es sich um ein vertikales Integrationsgebilde handelt, das praktisch alle Distributionsstufen und -leistungen umfaßt.

Nur ein vergleichsweise kleiner Teil der Chemiegroßhandelsunternehmen (rd. ein Sechstel) hat jedoch bislang durch diese Konzentrations- und Fusionsvorgänge eine Beeinträchtigung der Wettbewerbsposition hinnehmen müssen. In dieser Wertung stimmen die Unternehmen nahezu aller Größenklassen mit Ausnahme der Großunternehmen überein. Fast einhellig wird jedoch davon gesprochen, daß sich eine wesentliche Beeinträchtigung des Wettbewerbs ergeben wird, falls sich das Konzentrationstempo auch in den kommenden Jahren im bisherigen Ausmaß fortsetzt.

b) Entwicklung und Qualität der Wettbewerbsposition der Unternehmen

Im Zuge der Strukturveränderungen in den regionalen Wettbewerbsräumen und der beachtlichen Intensivierung des Wettbewerbs hat die Wettbewerbsposition der Unternehmen in weiten Bereichen des Chemiehandels eine spürbare Veränderung erfahren. Nahezu die Hälfte der Unternehmen gibt an, daß sich ihre Wettbewerbsposition in den letzten Jahren tendenziell etwas verbessert hat, knapp zwei Fünftel der Unternehmen aber sprechen von einer Verschlechterung der Wettbewerbslage. In einem ansehnlichen Bereich des Chemiehandels liegt damit eine Schwächung der Wettbewerbsfähigkeit der Unternehmen vor.

Eine Verschlechterung der Wettbewerbsposition auf breiter Front hatte — neben den Kleinstunternehmen (unter 2 Mill. DM Jahresumsatz) — die zahlenmäßig stärkste Gruppe, nämlich die Unternehmen der Größenklasse 10 bis unter 20 Mill. DM Jahresumsatz hinzunehmen. Hier ergab sich auch insgesamt ein negativer Beurteilungssaldo. Eine deutliche Verbesserung der Wettbewerbslage hatte nur die Gruppe der

Großunternehmen (100 Mill. DM und mehr Jahresumsatz) zu verzeichnen (vgl. Anhangtabelle A 13).

Die Betriebsformenbetrachtung macht deutlich, daß zwar die organisatorische Zugehörigkeit neben der Unternehmensgröße einen wesentlichen Faktor für die Wettbewerbsstärke darstellt, daß aber nach wie vor der regionale Wettbewerb noch nicht vom überregionalen Systemwettbewerb dominiert wird. In praktisch allen Betriebsformen traten Positionsverbesserungen und -verschlechterungen ein. Freilich kann nicht übersehen werden, daß der Bereich des traditionellen Großhandels und hierbei insbesondere die Unternehmen des kooperierten Bereichs auf breitester Basis eine Verschlechterung der Wettbewerbslage zu verzeichnen hatten.

Der Anteil der „gefährdeten" Unternehmen liegt trotz der in den zurückliegenden Jahren erfolgten Firmenübernahmen und -aufgaben weiterhin bei rd. einem Zehntel. Weniger als 5 % der Firmen dürften

Tabelle 20

Entwicklung der Wettbewerbsposition im Chemiehandel im Urteil der Unternehmen

nach Betriebsformen

Betriebsform	Bei ... % der Unternehmen hat sich die Wettbewerbsposition in den letzten Jahren				
	erheblich verbessert	etwas verbessert	nicht nennenswert verändert	etwas verschlechtert	erheblich verschlechtert
Selbständiges, ungebundenes Großhandelsunternehmen	17	44	13	20	6
Selbständiges, aber kooperiertes Großhandelsunternehmen	—	28	10	26	36
Selbständiges, aber durch Vertragsvertrieb an Hersteller gebundenes Großhandelsunternehmen	—	—	57	43	—
Tochtergesellschaft eines Konzernunternehmens	—	47	29	—	24
Insgesamt	10	38	15	21	16

Quelle: Erhebungen des Ifo-Instituts im Jahre 1977.

sich jedoch im akuten Gefährdungsbereich der Unternehmensexistenz befinden. Gefährdungstendenzen haben sich mit der Vergrößerung der Wettbewerbsräume und der zunehmenden Konfrontation der größeren Unternehmen auch in höhere Größenklassen hinein verlagert. Die Gefährdungszone reicht praktisch bis zur Umsatzgrößenklasse 20 bis 50 Mill. DM. Eine eindeutig positive Wertung der Wettbewerbslage erfolgt nur durch die Großunternehmen (vgl. Anhangtabelle A 14).

Tabelle 21

Wettbewerbsposition im Chemiehandel im Urteil der Unternehmen
nach Betriebsformen

Betriebsform	... % der Unternehmen beurteilen ihre derzeitige Wettbewerbsposition als				
	sehr gut	gut	befriedigend	schlecht	sehr schlecht
Selbständiges, ungebundenes Großhandelsunternehmen	—	42	52	6	—
Selbständiges, aber kooperiertes Großhandelsunternehmen	—	—	73	17	10
Selbständiges, aber durch Vertragsvertrieb an Hersteller gebundenes Großhandelsunternehmen	—	57	43	—	—
Tochtergesellschaft eines Konzernunternehmens	—	35	65	—	—
Insgesamt	—	31	58	8	3

Quelle: Erhebungen des Ifo-Instituts im Jahre 1977.

Obwohl die eng in Vertragsvertriebssysteme integrierten Unternehmen in den letzten Jahren gewisse Abstriche ihrer Positionsqualität hinnehmen mußten, stellt sich ihre Wettbewerbslage nach wie vor überdurchschnittlich positiv dar. Auch in der Gruppe der Konzernunternehmen wird die Wettbewerbslage als relativ günstig eingeschätzt. „Schlecht"-Wertungen der Wettbewerbsposition kamen ausschließlich aus dem Bereich des selbständigen Großhandels. Dabei sind offensichtlich — standort- und unternehmensgrößenbedingt — kooperierte Unternehmen in den letzten Jahren in besonderem Maße unter Wettbewerbsdruck geraten. Über ein Viertel der Firmen dieser Gruppe spricht von einer schlechten oder sehr schlechten Wettbewerbsposition.

c) Wettbewerbskonstellation nach Unternehmensgruppen

Weit deutlicher als Umsatzgrößen und Marktanteile vermitteln qualitative Befragungen im Unternehmerbereich über die Einschätzung der Konkurrenzstärke der jeweiligen Mitbewerber Vorstellungen von der Wettbewerbsbedeutung sowie der Wettbewerbskonstellation verschiedener Anbietergruppen zueinander. In derartigen Erhebungsergebnissen schlagen sich die einer Unternehmensgruppe zuerkannte Aktivitätsstärke und Marktaggressivität wie auch die dadurch hervorgerufene Notwendigkeit zur Reaktion nieder.

Die Tochtergesellschaften von Konzernunternehmen, daneben die Gruppe der ungebundenen Großhandelsunternehmen werden mit Abstand als stärkste unmittelbare Konkurrenten empfunden. Allen anderen Anbietergruppen kommt in der Skala der Konkurrenten eine nachrangige Position zu.

In der Gruppe der Unternehmen bis 5 Mill. DM Jahresumsatz bestehen funktions- und marktraumgrößenbedingt Konkurrenzbeziehungen in erster Linie zwischen bzw. mit Unternehmen des selbständigen Großhandels. Ab 5 Mill. DM Jahresumsatz sehen alle Unternehmen in den Konzernfirmen die schärfste unmittelbare Konkurrenz, die mit zunehmender Umsatzgröße sogar noch intensiver empfunden wird. Die Gruppe der Großunternehmen steht naturgemäß zu allen Betriebsformen in starker Konkurrenz. Als besonders stark wird hier die Wettbewerbs-, Akquisitions- und Markterschließungsstärke der Konzernunternehmen, daneben aber zunehmend auch von Verkaufsgesellschaften der Industrie sowie von Vertragshändlern empfunden.

Nach Anbietergruppen zeigt sich, daß die ungebundenen Großhandelsunternehmen sowie die Konzernunternehmen das vielschichtigste Netz an Konkurrenzbeziehungen aufweisen. Firmen aus diesen Gruppen stehen — je nach Marktkonstellation unterschiedlich — mit Unternehmen aus allen Organisationsformen in Wettbewerb. Die stärkste Wettbewerbsrelevanz sehen sie aber bei Unternehmen im eigenen Lager. In der Gruppe der kooperierten Unternehmen sowie der Vertragshändler scheint den eigenen Angaben nach das wettbewerbliche Beziehungsfeld weniger vielschichtig zu sein. Die kooperierten Unternehmen sehen ganz ausgeprägt in Konzernunternehmen ihre stärksten Konkurrenten, daneben in erheblich geringerem Umfang in selbständigen Großhändern. Die Vertragshändler bezeichnen die industriellen Verkaufsniederlassungen sowie ebenfalls die Tochterunternehmen von Konzernen als ihre schärfsten Wettbewerber (vgl. Anhangtabelle A 15).

Tabelle 22: **Die stärksten unmittelbaren Konkurrenten im Chemiehandel im Urteil der Unternehmen**
nach Unternehmensgrößenklassen

Unternehmens-größenklasse (Jahresumsatz in Mill. DM)	Von ... % der Unternehmen[a)] werden als stärkste unmittelbare Konkurrenten angesehen					
	Selbständige ungebundene Großhandels-unternehmen	Selbständige, aber kooperierte Groß-handels-unternehmen	Selbständige, aber durch Vertragsvertrieb an Hersteller gebundene Groß-handels-unternehmen	Werkshandels- oder Vertriebsgesell-schaften	Verkaufs-nieder-lassungen der Industrie	Tochergesell-schaften von Konzern-unternehmen
unter 5	85	25	20	—	10	30
5 bis unter 10	40	—	30	—	30	70
10 bis unter 20	39	15	8	23	31	77
20 bis unter 50	40	20	10	10	10	90
50 bis unter 100	50	—	25	—	—	100
100 und mehr	50	50	100	50	100	100
Insgesamt	46	16	22	13	24	79

a) Mehrfachmeldungen waren möglich.
Quelle: Erhebungen des Ifo-Instituts im Jahre 1977.

d) *Einsatz der wettbewerbspolitischen Instrumente*

Entsprechend der auf den verschiedenen regionalen Märkten unterschiedlichen Konkurrenzbedingungen wird der Wettbewerb mit unterschiedlicher Betonung der einzelnen wettbewerbspolitischen Instrumente ausgetragen. Im Gesamtdurchschnitt des Chemiehandels haben aber einige Instrumente ganz dominante Bedeutung. Daß das Wettbewerbsgeschehen in diesem Markte in erster Linie durch die Erfüllung echter Handels- und Dienstleistungsfunktionen, durch Anbieten und Durchführung von Problemlösungen erfolgt, wird durch diese qualitativen Erhebungsergebnisse unterstrichen.

Lieferfähigkeit und Lieferbereitschaft der Unternehmen sowie Service und Beratung stehen an erster Stelle der Rangskala. Daneben stellt die Strukturierung des Lieferprogramms hinsichtlich Breite und Spezialisierungsgrad einen wesentlichen Aktionsparameter dar. Den Wettbewerbsinstrumenten Preis und Rabatt kommt den Dienstleistungsinstrumenten gegenüber ein geringeres Gewicht zu, doch ist das auf dem Hintergrund eines bereits seit Jahren enorm scharfen, teilweise als ruinös empfundenen Preiswettbewerbs zu sehen, der offensichtlich kaum noch gesteigert werden kann, zumal in gewissen Produktsektionen von kaum einer Unternehmensgruppe mehr als Deckungsbeiträge erwirtschaftet werden.

Auffallend ist, daß bei den Großunternehmen der Branche wie bei den Tochtergesellschaften von Konzernunternehmen dem Preis und der Kreditgewährung als akquisitorischen Instrumenten bei der Wertung des gesamten Marketing-Mix keine bzw. nur eine geringe Rolle zuerkannt wird. Hier dürften wesentliche konstitutive Vorteile dieser Gruppe von Unternehmen durchschlagen, die sowohl in teilweise erheblich günstigeren Beschaffungskonditionen (insbesondere im Auslandsgeschäft) sowie in gewissen Bezugs- und Vertriebsexklusivitäten liegen, bei deren Vorliegen preisliche Anstrengungen nicht in dem Maße erfolgen müssen bzw. so stark empfunden werden wie bei Unternehmen mit vergleichsweise ungünstigeren Beschaffungs- und Absatzmöglichkeiten. Besonders im Bereich der kleineren Unternehmen spielt der Einsatz des Preises als Wettbewerbsinstrument nach wie vor eine überdurchschnittliche und beachtliche Rolle zur Erhaltung der Wettbewerbsfähigkeit und Unternehmensexistenz.

Während bei den Konzernunternehmen sowie den Vertragshändlern der Spezialisierungsgrad der Lieferprogramme im Vordergrund steht, liegt das Leistungsschwergewicht des traditionellen Großhandels in dieser Hinsicht eher in der Breite des Sortiments. Der Preispolitik kommt auch bei dieser Gruppe ein nachrangiger Stellenwert zu, doch hat sie vergleichsweise große Bedeutung. In der Gruppe der Vertragshändler

Tabelle 23: **Einsatz der Wettbewerbsinstrumente im Chemiehandel im Urteil der Unternehmen**
nach Unternehmensgrößenklassen

Unternehmens-größenklasse (Jahresumsatz in Mill. DM)	Zur Erhaltung bzw. Verbesserung der Wettbewerbsfähigkeit legen ... % der Unternehmen[a] auf den Einsatz folgender Wettbewerbsinstrumente besonderes Gewicht							
	Liefer-fähigkeit/ Liefer-bereit-schaft	Preis/ Rabatt	Breites Liefer-programm	Speziali-siertes Liefer-programm	Beratung	Service	Kredit-gewährung an die Abnehmer	Sonstige
unter 2	100	—	—	100	50	100	50	—
2 bis unter 5	100	67	56	33	67	78	22	—
5 bis unter 10	60	50	50	40	40	70	—	—
10 bis unter 20	92	23	46	46	77	69	8	8
20 bis unter 50	100	40	80	30	70	90	30	10
50 bis unter 100	100	25	50	75	75	50	25	—
100 und mehr	100	—	50	100	100	100	—	—
Insgesamt	92	34	57	48	69	76	16	5

a) Mehrfachmeldungen waren möglich.
Quelle: Erhebungen des Ifo-Instituts im Jahre 1977.

dagegen hat der Preis ein mit anderen Wettbewerbsinstrumenten vergleichbares Gewicht (vgl. Anhangtabelle A 16).

Neben Aktion und Reaktion beim Einsatz der wesentlichen Marketinginstrumente spielen auch andere organisatorische sowie unternehmensstrategische Instrumente und Maßnahmen eine wichtige Rolle in den unternehmerischen Konzepten. Vor allem, um den vor sich gehenden Konzentrationsvorgängen zu begegnen, sucht man nach Alternativen. Etwa drei Viertel der Chemiegroßhandelsunternehmen haben bereits konkrete Maßnahmen ins Auge gefaßt, mit denen sie den Konzentrationstendenzen und der Wettbewerbsintensivierung zu begegnen trachten. Dabei zielt der Großteil der Pläne und Maßnahmen auf eine Diversifizierung, d. h. Erweiterung des Aktivitätsfeldes über den angestammten Bereich hinaus, teilweise auf Betätigungen außerhalb des Chemikalienhandels im engeren Sinne, wobei aber das bereits erworbene und verfügbare akquisitorische Potential insbesondere bezüglich technischer Ausrüstungen, Know-how, Vertriebssystem und Kundenstamm voll genutzt werden soll. Derartige Pläne bestehen sowohl beim traditionellen Großhandel als auch bei den Konzernunternehmen, wobei man sich mit zunehmender Unternehmensgröße verstärkt dieses Instrumentes bedienen will. Auffallend ist dabei auch, daß insbesondere die Unternehmen mit ohnehin guter Wettbewerbskonstitution ihren Wettbewerbsvorsprung auf diese Weise weitergehend nutzen wollen. In der Spezialisierung, in der konzentrierten Ausrichtung auf Problemlösungskonzepte innerhalb der Hauptbereiche des Chemikalienlieferprogramms, sieht man insbesondere in den unteren und mittleren Größenklassen eine weitere Stütze, um den Konzentrationsvorgängen zu begegnen und die Wettbewerbsposition zu verbessern. Besonders der Vertragshandel erblickt darin eine Möglichkeit, seine Wettbewerbsposition auch weiterhin zu behaupten. Darüber hinaus wollen sich aber alle Unternehmensgruppen durch Sicherung gewisser Exklusivitäts- bzw. Alleinlieferungsrechte bei Vertragslieferanten in In- und Ausland, durch Einbindung in Vertragsvertriebssysteme einen Konkurrenzvorsprung bzw. einen weniger konkurrenzintensiven Bereich schaffen. Dabei ist mit zunehmender Unternehmensgröße eine tendenzielle Verstärkung in der Praktizierung dieser Anpassungsvariante festzustellen. Im traditionellen Großhandel wird die Kooperation und innerhalb dieser die abgestimmte Funktionenteilung zwischen Kooperationszentrale und Mitgliedern zu einem zunehmend bedeutenderen Instrument der Sicherung der Wettbewerbsfähigkeit werden. Pläne zum Eintritt in eine Kooperationsgemeinschaft oder zur Verstärkung der Kooperation äußerten Unternehmen bis zur Umsatzgrößenklasse 50 Mill. DM. Im Bereich des unabhängigen Großhandels sieht ein kleiner Teil der Unternehmen aber keine Möglichkeit, dem Konzentrations- und Wettbe-

Tabelle 24: **Reaktionsmaßnahmen der Unternehmen im Chemiehandel auf Konzentrationsvorgänge im Markt nach Betriebsformen**

Betriebsform	Als Reaktion auf die im Markt vor sich gehenden Konzentrationsvorgänge beabsichtigten ... % der Unternehmen[a] folgende Maßnahmen					
	Eintritt in eine Kooperationsgemeinschaft	Verstärkung der Kooperation	Einbindung bzw. Verstärkung der Einbindung in ein Vertragsvertriebsverhältnis mit der Industrie	Verkauf des Unternehmens	Spezialisierung	Diversifizierung
Selbständiges, ungebundenes Großhandelsunternehmen	12	16	42	3	57	71
Selbständiges, aber kooperiertes Großhandelsunternehmen	10	60	42	—	38	60
Selbständiges, aber durch Vertragsvertrieb an Hersteller gebundenes Großhandelsunternehmen	—	—	—	—	100	—
Tochtergesellschaft eines Konzernunternehmens	—	—	100	—	40	60
Insgesamt	11	28	45	2	50	66

a) Mehrfachmeldungen waren möglich.
Quelle: Erhebungen des Ifo-Instituts im Jahre 1977.

werbsdruck wirksam zu begegnen und plant daher den Verkauf des Unternehmens. In Unternehmensfusionen im mittelständischen Bereich sieht man kein adäquates Mittel, der Konzern- und Systemkonzentration zu begegnen (vgl. Anhangtabelle A 17).

e) Längerfristige Existenzchancen im Urteil der Unternehmen

Die Urteile der Firmen über ihre längerfristigen Existenzchancen bestätigen weitgehend die Aussagen, die anhand der Indikatoren über Wettbewerbsintensität und Wettbewerbsposition gewonnen werden konnten. Das Gros der Firmen des Chemiegroßhandels (66 %) schätzt seine längerfristigen Geschäftsaussichten und Existenzchancen als befriedigend ein, d. h. man rechnet weder mit einer gravierenden Gefährdung durch Wettbewerbsdruck noch mit einer Erleichterung der Wettbewerbsposition. Gut ein Viertel der Unternehmen bewertet die Existenzchancen als gut, sieht neben Positionssicherungs- und Konsolidierungsmöglichkeiten auch noch Expansionschancen. Etwa 6 % der Unternehmen dagegen beurteilen ihre Existenzchancen auf längere Sicht als schlecht. Die Umsatz-, insbesondere aber die Ertragseinbußen, die im Zuge der Verbreiterung der Wettbewerbsbeziehungen und Verschärfung des Wettbewerbs hingenommen werden mußten, haben die Betriebskonstitution weiter verschlechtert und lassen eine längerfristige Geschäftsfortführung beim Großteil dieser Firmen als unwahrscheinlich erscheinen.

Der Gefährdungsbereich konzentriert sich ausschließlich auf den traditionellen Großhandel und hierbei in erster Linie auf Unternehmen mit Jahresumsätzen von weniger als 5 Mill. DM, reicht aber bis zur Umsatzgröße von 20 Mill. DM. Die Aufgliederung der Firmenwertungen nach Größenklassen und Betriebsformen macht deutlich, daß das Marktgeschehen in diesem Produktbereich zunehmend vom Kapital- und Systemwettbewerb gekennzeichnet sein wird. In den höheren Umsatzgrößenklassen und bei Einbettung in einen Konzern- sowie Vertragsvertriebsverbund werden die Geschäfts- und Existenzchancen als recht positiv bewertet.

Insgesamt ist gegenüber Beginn der siebziger Jahre eine leichte Verbesserung im Firmenurteil festzustellen; der Anteil der Negativwertungen hat sich nahezu halbiert. Dies dürfte zum einen auf Firmenaufgaben und -übernahmen zurückzuführen sein, durch die der Anteil der durch starken Wettbewerbsdruck gefährdeten Firmen naturgemäß reduziert wurde. Zum Teil dürfte die Positionskonsolidierung und Verengung des Gefährdungsbereichs allerdings auch auf konzentrierte Maßnahmen der Unternehmen gegen konzentrative Entwicklungen sowie aggressives Marktgebaren, insbesondere durch Kooperation und Leistungsstraffung, zurückzuführen sein (vgl. Anhangtabelle A 18).

Tabelle 25

Die längerfristigen Existenzchancen im Chemiehandel im Urteil der Unternehmen
nach Unternehmensgrößenklassen

Unternehmensgrößenklasse (Jahresumsatz in Mill. DM)	... % der Unternehmen beurteilen ihre Geschäftsaussichten und Existenzchancen auf längere Sicht als		
	gut	befriedigend	schlecht
unter 5	21	58	21
5 bis unter 10	—	90	10
10 bis unter 20	23	69	8
20 bis unter 50	22	78	—
50 bis unter 100	50	50	—
100 und mehr	100	—	—
Insgesamt	28	66	6

Quelle: Erhebungen des Ifo-Instituts im Jahre 1977.

Diversifizierungsmaßnahmen sowie die Möglichkeit der Aufnahme und Verstärkung des Vertragsvertriebs mit attraktiven Lieferanten stellen offensichtlich im unternehmerischen Instrumentarium zur Anpassung an die Markterfordernisse und zur Sicherung der Markt- und Wettbewerbsposition ganz wesentliche Stützgrößen dar. Im Marketing-Mix, also in der Einsatzbreite und -intensität der wichtigsten Wettbewerbsinstrumente, lassen sich zwischen den Unternehmen mit „guter", „befriedigender" und „schlechter" Wertung der längerfristigen Existenzchancen keine signifikanten Abweichungen feststellen. Das stützt die These, daß auch in diesem Marktbereich zunehmend Unternehmensgröße und Integrationsgrad in einem Verbund die wichtigsten Grundbedingungen für die Erbringung eines marktentsprechenden Leistungsbündels sein werden (vgl. Anhangtabelle A 19).

III. Handel mit festen Brennstoffen

1. Marktvolumen und Stellung des Großhandels mit festen Brennstoffen im Rahmen der Distribution

Die Struktur des Energieverbrauchs in der Bundesrepublik Deutschland hat sich in der Nachkriegszeit in starkem Maße verändert. Eine markante Ausprägung dieses Wandels besteht im außerordentlich starken Bedeutungsrückgang der festen Brennstoffe als Energieträger. So ist der Verbrauch von Steinkohle sowie Steinkohlenbriketts wie auch von Braunkohlenbriketts und -koks seit Jahren rückläufig. Der gesamte Inlandsabsatz an Steinkohlen, -briketts und -koks, der im Jahre 1970 noch 73,3 Mill. t betragen hatte, belief sich 1976 nur noch auf 57,6 Mill. t. Der Inlandsabsatz an Braunkohle (ohne Rohbraunkohle) reduzierte sich im gleichen Zeitraum von 11,5 Mill. t auf 6,7 Mill. t[22]. Lediglich der Absatz an Rohbraunkohle nahm in den zurückliegenden Jahren zu.

Für eine Situations- und Entwicklungsanalyse des Brennstoffgroßhandels ist die Betrachtung des gesamten Inlandsabsatzes an festen Brennstoffen allerdings wenig aussagefähig. Das hängt mit den spezifischen Gegebenheiten des Marktes zusammen. Vom Gesamtvolumen ist insbesondere der Direktabsatz der Zechen an — häufig kapitalmäßig verbundene — inländische Unternehmen in Abzug zu bringen. Dies gilt einmal für den Absatz von Steinkohlen bzw. -briketts an öffentliche Elektrizitätswerke, auf die rd. zwei Drittel des gesamten Inlandsabsatzes entfallen, sowie von Steinkohlenkoks an die eisenschaffende Industrie, deren Anteil am Inlandsabsatz im Jahre 1976 rd. 85 % betragen hat. Im Braunkohlenbereich dominieren als Abnehmergruppe die öffentlichen Elektrizitätswerke, an die 1976 knapp 96 % der Lieferungen an Rohbraunkohle gingen. Auch hier ist der Brennstoffgroßhandel als Absatzmittler nicht eingeschaltet; diese Lieferungen werden unmittelbar von den Fördergesellschaften getätigt. Das Großhandelspotential auf der Zentralgroßhandelsstufe wird über diese Verbundlieferungen, d. h. den Absatz an konzerneigene bzw. kapitalmäßig gebundene Unternehmen, sowie die Direktlieferungen der Reviere hinaus auch noch durch die Absatzregelungen der Zechen beschränkt, wonach zum Direktbezug nur Unternehmen ab einer bestimmten Jahrestonnenabnahme, nämlich die sog. A- bzw. Ersthand-Händler, zugelassen sind. Das hat zur Folge, daß die reviereigenen Verkaufsgesellschaften in erheblichem Umfang auch in die Zentralgroßhandelsfunktion eintreten, und zwar dann, wenn die Mindestabnahmemengen durch den freien Großhandel

[22] Vgl. Statistik der Kohlenwirtschaft e. V., Zahlen zur Kohlenwirtschaft, Heft Nr. 110, Essen und Köln 1977.

aufgrund der allgemeinen Marktschrumpfung nicht mehr erreicht werden. Davon berührt ist naturgemäß das Absatzpotential des Brennstoffhandels auf der regionalen bzw. der örtlichen Stufe, weil gleichzeitig mit dem Einstieg der reviereigenen Verkaufsgesellschaften in die Zentralgroßhandelsfunktion häufig auch die örtliche Großhandelsfunktion mit übernommen wird[23]. Um zu einem aussagefähigen Großhandelsvolumen an festen Brennstoffen auf der Zentralgroßhandelsstufe zu kommen, müßte somit auch der Absatz, der aufgrund der Vertriebsregelungen der Zechen vom freien Großhandel nicht übernommen werden kann, in Abzug gebracht werden. Dieser markt- bzw. vertriebssystembedingte Absatzausfall läßt sich jedoch nicht quantifizieren. Es ist deshalb weder von der Entstehungs- noch von der Distributionsseite her möglich, ein aussagefähiges, d. h. in diesem Falle „großhandelsfähiges" Marktvolumen zu bestimmen. Als einziger Ausweg bietet sich eine Quantifizierung über die Verbrauchsseite, und zwar nach Verwendergruppen, an. Dabei wird davon ausgegangen, daß der Großhandel in den Absatz von Steinkohlen und Steinkohlenbriketts an öffentliche Elektrizitätswerke, an Ortsgaswerke sowie an die eisenschaffende Industrie nicht eingeschaltet wird. Es verbleibt somit im wesentlichen das Volumen, das auf die Abnehmergruppen „übrige Industrie", Hausbrand und Kleinverbraucher, militärische Dienststellen sowie Verkehrsunternehmen entfällt. Dies waren 1976 rd. 26 % des Inlandsabsatzes an Steinkohlen und -briketts. Bei Steinkohlenkoks errechnet sich auf der Basis der entsprechenden Annahmen ein Anteil am Inlandsabsatz in Höhe von rd. 14 %.

Bei Braunkohlenbrittes liegt das Großhandelsvolumen — gemessen am Inlandsabsatz — naturgemäß weit höher, da hier Hausbrand und Kleinverbraucher die weitaus wichtigste Abnehmergruppe darstellen. Unter „Kleinverbraucher" sind die Gebietskörperschaften bzw. deren Dienststellen, alle nichtindustriellen Gewerbebetriebe der Landwirtschaft, des Handwerks, Handels und Dienstleistungssektors, darüber hinaus aber auch alle Industriebetriebe mit weniger als 10 Beschäftigten zu verstehen. Ferner ist zum Großhandelspotential bei Braunkohlenbriketts der — allerdings unbedeutende — Absatz an militärische Dienststellen sowie an Verkehrsunternehmen zu zählen. Der Absatz an Rohbraunkohle, der fast ausschließlich an E-Werke geht, wird fast durchweg von den Revieren direkt, d. h. unter Ausschaltung des Handels, getätigt. In den Tabellen 26 und 27 ist für die Jahre 1970 bis 1976 jeweils der Gesamtabsatz an Steinkohle und Braunkohle im Inland dem „großhandelsfähigen" Absatz gegenübergestellt. Vom gesamten so definierten großhandelsfähigen Absatz an Festbrennstoffen werden mehr

[23] Das geschieht teilweise auch durch Aufkauf von Großhandelsunternehmen.

Tabelle 26: **Inlandsabsatz sowie „großhandelsfähiger" Absatz an Steinkohle, Steinkohlenbriketts und Steinkohlenkoks**

Jahr	Inlandsabsatz		darunter:			
			„großhandelsfähiger" Absatz			
	Steinkohle, -briketts	Steinkohlen-koks	Steinkohle, -briketts		Steinkohlenkoks	
	in 1000 t	in 1000 t	in 1000 t	in %	in 1000 t	in %
1970	44 062	29 264	18 183	41,3	7 994	27,3
1972	42 628	22 548	14 552	34,1	4 695	20,8
1974	40 053	28 963	14 342	35,8	4 556	15,7
1976	36 691	20 862	9 523	25,8	2 953	14,3

Quelle: **Statistik der Kohlenwirtschaft e. V., Zahlen zur Kohlenwirtschaft, Heft Nr. 110 sowie eigene Schätzungen.**

als neun Zehntel über den Brennstoffhandel abgesetzt. Der Bedarf des Sektors Hausbrand und Kleinverbrauch wird dabei ganz überwiegend vom Handel gedeckt. Unterdurchschnittlich ist der Einschaltungsgrad in den Absatz an die Industrie (ohne eisenschaffende Industrie). Der Grund hierfür liegt darin, daß der Großhandel in diesem Bereich in der Regel nur dann als Lieferant infrage kommt, wenn der Bedarf eines Industriebetriebes unter einer — von Revier zu Revier abweichenden — bestimmten Jahresabnahmemenge liegt. Industrielle Großkunden werden häufig von den Verkaufsgesellschaften der Bergbauunternehmen direkt beliefert.

Tabelle 27

Inlandsabsatz sowie „großhandelsfähiger" Absatz an Braunkohlenbriketts

Jahr	Inlandsabsatz	darunter: „großhandelsfähiger" Absatz	
	in 1000 t	in 1000 t	in %
1970	10 080	9 815	97,4
1972	7 210	6 510	90,3
1974	6 635	5 782	87,1
1976	4 809	4 059	84,4

Quelle: Statistik der Kohlenwirtschaft e. V., Zahlen zur Kohlenwirtschaft, Heft Nr. 110 sowie eigene Schätzungen.

Die Bedeutung des institutionellen Brennstoffhandels im Rahmen des Gesamtabsatzes an festen Brennstoffen hat sich in den zurückliegenden Jahren, auch nach eigener Einschätzung durch die Unternehmen, insgesamt verringert. Nur Großunternehmen (über 50 Mill. DM Jahresumsatz) schließen — wohl aus der günstigen Entwicklung ihrer eigenen Marktposition — auf eine nahezu unveränderte Einschaltung des Handels in die Distributionsströme. Insgesamt herrscht der Eindruck vor, daß die Marktbedeutung insbesondere des selbständigen Großhandels in den kommenden Jahren weiter abnehmen wird. Vielfach wird auch erwartet, daß bei weiter schrumpfendem Marktpotential die Betätigungsfelder vieler kleiner und mittlerer Unternehmen derart eingeengt werden, daß ein weiteres Engagement im Festbrennstoffgeschäft nicht mehr als lohnend erscheint. Diese Vorgänge werden zwangsläufig zu einer Verringerung des Einschaltungsgrades des einzelwirtschaftlichen

Handels führen. Die dadurch „freiwerdenden“ Absatzmengen werden sowohl auf der Groß- wie auch auf der Einzelhandelsstufe zunehmend von den großen, d. h. in der Regel den konzernabhängigen Firmen, sowie — insbesondere auf der Großhandelsstufe — von den Revierverkaufsgesellschaften übernommen werden.

2. Leistungs- und Erscheinungsbild des Brennstoffgroßhandels

a) Funktionenprofile

Der Großhandel mit festen Brennstoffen ist sowohl Produktionsverbindungshandel als auch distribuierender Großhandel[24]. Als Produktionsverbindungshandel ist er in den Absatz an industrielle und sonstige gewerbliche Letztverwender eingeschaltet, als distribuierender Großhandel beliefert er den Brennstoffeinzelhandel. Das Funktionsfeld des Brennstoffhandels reicht — soweit er Ersthand-Händler ist — von der Zentralgroßhandelsstufe bis zur örtlichen Stufe. Er ist darüber hinaus häufig auch im Platzgeschäft und somit auf der Einzelhandelsstufe tätig.

Der institutionelle Brennstoffgroßhandel steht — als Ersthand-Handel — auf der Zentralgroßhandelsstufe neben den Verkaufsgesellschaften der Reviere. Über diese beiden Absatzmittlergruppen wird jedoch nur ein relativ geringer Teil des Gesamtmarktes abgedeckt. Der größte Teil entfällt auf die Direktumsätze der Zechen, häufig mit kapitalmäßig verbundenen Unternehmen („Verbundlieferungen“).

Auf der Zentralgroßhandelsstufe stand der Brennstoffhandel traditionell in einem Ergänzungsverhältnis zu den Revier-Verkaufsgesellschaften. Dies hat sich in den vergangenen Jahren — teilweise bedingt durch die Schrumpfung des Gesamtmarktes an festen Brennstoffen — zunehmend in ein Konkurrenzverhältnis gewandelt. Für den Ersthand-Handel vergrößerte sich zunehmend die Gefahr, diese Eigenschaft zu verlieren, d. h. die erforderlichen jährlichen Mindestabnahmemengen nicht mehr zu erreichen und somit vom Direktbezug ausgeschlossen zu werden. Das verstärkte Eindringen der Verkaufsgesellschaften in die Zentralgroßhandelsfunktion war — nicht zuletzt auch über den Aufkauf von bislang selbständigen Großhändlern bzw. durch Beteiligungen — mit einem stärkeren Engagement auf der regionalen und örtlichen Stufe bis hin sogar zum Platzgeschäft verbunden. Damit steht der Brennstoffgroßhandel auf allen Distributionsstufen und -feldern in einem direkten Konkurrenzverhältnis zu den Verkaufsgesellschaften und deren Tochter- und Beteiligungsgesellschaften.

[24] Der Großhandel mit festen Brennstoffen ist in aller Regel auch im Handel mit flüssigen Brennstoffen tätig.

Von den gesamten Bezügen des Ersthand-Handels bei den Revieren bzw. deren Verkaufsgesellschaften gehen knapp zwei Drittel an den regionalen bzw. örtlichen Großhandel. In diesem Umfang übt der Ersthand-Handel die Zentralgroßhandelsfunktion aus. Berücksichtigt man allerdings das Aufkommen an festen Brennstoffen aus Importen des Handels, so reduziert sich die Zentralfunktion dieser Unternehmen, gemessen am gesamten institutionellen Großhandelsumsatz, auf reichlich die Hälfte. Die regionale bzw. örtliche Großhandelsfunktion wird zu einem Drittel vom Ersthand-Handel (einschließlich Importhandel) und zu zwei Dritteln vom übrigen Großhandel ausgeübt. Mit einem Lieferanteil von reichlich zwei Fünfteln — die Streuung nach Größenklassen ist hier nur gering — stellt dabei der Brennstoffeinzelhandel die wichtigste Kundengruppe des regionalen und örtlichen Großhandels dar[25]. Gewerbliche Großabnehmer partizipieren zu knapp drei Zehnteln, gewerbliche Kleinkunden zu knapp einem Zehntel am Gesamtumsatz. Der Anteil der Letztverbraucherumsätze des Großhandels ist mit rd. einem Fünftel erheblich. Bei Kleinunternehmen (bis 2 Mill. DM Jahresumsatz) liegt diese Quote noch bedeutend höher (bei etwa 40 %), während für die Großen in der Branche, insbesondere die Töchter von Konzernunternehmen, private Kunden nur eine sehr untergeordnete Rolle spielen.

Die Ausdehnung des Absatzgebietes eines Großhändlers hängt entscheidend von der Betriebsgröße ab. Während sich die Kunden- und Lieferbeziehungen von größeren und Großunternehmen (über 20 Mill. DM Jahresumsatz) häufig über einen regionalen Raum erstrecken, ist das Absatzgebiet kleiner und mittlerer Unternehmen ganz überwiegend auf den lokalen Standortbereich beschränkt.

Die zunehmende Markteinengung hat den Handel mit Festbrennstoffen dazu gezwungen, sich neue Betätigungsfelder zu suchen. Der Umsatzanteil flüssiger Brennstoffe ist kontinuierlich gewachsen. Darüber hinaus hat sich der Brennstoffhandel zunehmend in die Beratungsfunktion für Wärme- und Heizungstechnik begeben, teilweise wurde das Aktionsfeld sogar auf Installation und Service von Heizungsanlagen ausgedehnt. Eingeschränkt wurden demgegenüber betriebliche Teilfunktionen im traditionellen Festbrennstoffgeschäft. Dies gilt in erster Linie für die Lagerhaltung.

Nach Ifo-Erhebungsergebnissen üben inzwischen rd. 16 % der Unternehmen — es handelt sich dabei insbesondere um kleine und mittlere Unternehmen bis zu einer Umsatzgröße von etwa 20 Mill. DM — bei Festbrennstoffen die Lagerhaltungsfunktion nicht mehr selbst aus. Dies bedeutet indes nicht, daß die Funktion völlig aufgegeben wurde. Es erfolgte vielmehr eine räumliche und organisatorische Ausgliederung

[25] Ohne Zentralgroßhandelsumsätze des A-Handels.

durch Übertragung auf ein anderes Unternehmen. Häufig gliederten mehrere Unternehmen eines Standortbereiches gleichzeitig ihre Lagerhaltung aus und übertrugen sie einem sog. Leitgroßhändler. Daneben setzte sich zunehmend eine Arbeitsteilung bzw. Kooperation im Lagerwesen in Form von Gemeinschaftslagerstätten durch, die bei einem der Partnerunternehmen, häufig an einem neuen, günstigeren Standort, errichtet werden. Von den vom Ifo-Institut befragten Unternehmen praktiziert mehr als ein Zehntel diese Form der Lagerkooperation. Während bei der Ausgliederung und Übertragung der Lagerhaltung die Funktion nicht mehr in eigener Regie wahrgenommen wird, erfolgt bei der Gemeinschaftslagerstätte — aus der Sicht der Kooperationsmitglieder — lediglich eine Funktionenteilung. Triebfeder ist jeweils der aus der zunehmenden Markteinengung resultierende Zwang zur Rationalisierung und Optimierung des physischen Warendurchlaufs. Aus denselben Beweggründen wurde auch die Transportfunktion zunehmend ausgegliedert. Die Auslastung eines firmeneigenen Fuhrparks ist angesichts der immer geringeren umzuschlagenden Mengen offensichtlich nicht gewährleistet. Knapp die Hälfte der Großhändler bedient sich deshalb bei der Auslieferung fester Brennstoffe — zumindest teilweise — gewerblicher Fuhrunternehmen und Spediteure. Dabei schalten insbesondere größere und Großunternehmen zur Bewältigung der Transportaufgaben Spediteure ein. Auf der Basis der von den Unternehmen gemachten Mengenangaben errechnet sich ein Fremdleistungspotential auf dem Transportsektor von annähernd einem Drittel.

b) Struktur und strukturelle Entwicklung

Die Zahl der Unternehmen, die im Schwergewicht im Großhandel mit festen Brennstoffen tätig sind, läßt sich nicht exakt feststellen. Die verfügbaren Statistiken — Handels- und Gaststättenzählung, Arbeitsstättenzählung sowie Umsatzsteuerstatistik — differieren erheblich, und zwar nicht nur was die Gesamtzahl der Brennstoffgroßhändler betrifft, sondern auch hinsichtlich der Zuordnung zu den drei traditionell in den amtlichen Zählwerken gebildeten statistischen Positionen[26]. Aus Kontinuitäts- und Aktualitätsgesichtspunkten wird im folgenden auf die Umsatzsteuerstatistik zurückgegriffen. Danach gab es im Jahre 1976 insgesamt 2887 Unternehmen des Brennstoffgroßhandels. Davon waren knapp sechs Zehntel im Schwerpunkt im Handel mit Mineralölerzeugnissen tätig. Die Großunternehmen dieser Sparte sind jedoch auch häufig bedeutende Absatzmittler von Festbrennstoffen, deren Marktgewicht in einem Standortbereich größer sein kann als das von

[26] Das sind Großhandel mit festen Brennstoffen, Großhandel mit Mineralölerzeugnissen sowie die Mischposition Großhandel mit festen Brennstoffen und Mineralölerzeugnissen.

Unternehmen der Fachsparte feste Brennstoffe. 814 oder 28 % der Unternehmen waren 1976 überwiegend Kohlegroßhändler. In dieser Branche war der Ausleseprozeß in den vergangenen Jahren außerordentlich stark. Von 1968 bis 1976 verringerte sich der Unternehmensbestand um rd. 45 %. Diese Reduzierung dürfte allerdings nicht allein auf ein tatsächliches Ausscheiden aus dem Markt zurückzuführen sein. Bei vielen Unternehmen hat sich der Umsatzschwerpunkt zunehmend von festen zu flüssigen Brennstoffen verlagert. Ein Indiz dafür ist der wachsende Unternehmensbestand im „gemischten" Großhandel: In der Sparte Kahle und Mineralölerzeugnisse nahm die Zahl der Unternehmen von 276 im Jahre 1968 auf 352 im Jahre 1976 zu. Der echte per saldo-Abgang im Großhandel mit festen Brennstoffen ist somit für die Zeitspanne 1968/1976 auf rd. 580 Unternehmen bzw. 40 % zu veranschlagen. Diese Ausleserate liegt deutlich über der des gesamten Großhandels (— 6 %).

Die Zahl der Betriebe liegt im Durchschnitt um reichlich ein Viertel über derjenigen der erfaßten Unternehmen. Der Filialisierungsgrad ist damit merklich höher als im Großhandel insgesamt. Unter Einbeziehung der Organunternehmen, die fast durchweg ein dichtes Netz von Niederlassungen unterhalten, würde sich der Filialisierungsgrad auf schätzungsweise 1,3 Betriebe je Unternehmen erhöhen.

Die Beschäftigtenzahlen aus der amtlichen Statistik — Vollerhebungen fanden letztmals in den Jahren 1968 (Handels- und Gaststättenzählung) und 1970 (Arbeitsstättenzählung) statt — differieren ähnlich stark wie die Unternehmenszahlen. Auf der Basis der Handels- und Gaststättenzählung errechnet sich für den gesamten Brennstoffhandel für das Jahr 1976 ein Beschäftigtenstand von rd. 38 600 Personen; das sind 5400 oder gut 12 % weniger als 1968. Während bis 1973 eine leichte Zunahme zu registrieren war, wurde der Personalbestand seit 1974 drastisch reduziert. Dieser Rückgang ging fast ausschließlich auf das Konto des Großhandels mit Festbrennstoffen. Hier ist die Beschäftigtenzahl im Betrachtungszeitraum mit 57 % ähnlich stark zurückgegangen wie der Mengenabsatz. 1976 waren in dieser Sparte noch reichlich 4000 Personen beschäftigt.

Die Gesamtumsätze des Brennstoffgroßhandels sind im Zeitraum 1968/1976 um rd. 115 % gestiegen. Unter Berücksichtigung der Preissteigerungen verbleibt jedoch nur ein Zuwachs von rd. 6 %. Stark expansiv war der Mineralölhandel. Dessen wertmäßige Umsätze haben sich im Betrachtungszeitraum verdreifacht, der volumenmäßige Zuwachs betrug reichlich sieben Zehntel. Im Gegensatz dazu ist der wertmäßige Gesamtumsatz des institutionellen Großhandels mit festen Brennstoffen im Zuge der strukturellen Wandlungsvorgänge auf der Verbraucher- und Verwenderseite erheblich zurückgegangen. Er sank laut Umsatzsteuerstatistik von 11,2 Mrd. DM im Jahre 1968 auf 7,0 Mrd. DM im Jahre 1976. Dies entspricht einem Rückgang von reichlich einem Drittel. Die tatsächliche Umsatzentwicklung wird jedoch in der Umsatzsteuerstatistik teilweise verzerrt dargestellt, was u. a. mit der Veränderung der Zahl der Großunternehmen (über 50 Mill. DM Jahresumsatz) zusammenhängt, die zweifellos nicht auf Umsatzveränderungen basiert, sondern durch Schwankungen im wirtschaftlichen Schwerpunkt bedingt war. Die Zahl dieser Firmen ging im Zeitraum 1968 bis 1972 von 20 auf 15 zurück und stieg bis 1974 wiederum auf 20 an. Angesichts des hohen Durchschnittsumsatzes in dieser Größenklasse — zwischen 300 und 400 Mill. DM — wirken sich bereits wenige statistische Umsetzungen auf die Gesamtentwicklung der Branche erheblich aus. Aussagefähiger ist deshalb die Repräsentativstatistik des Statistischen Bundesamtes. Danach ist der wertmäßige Umsatz des Großhandels mit festen Brennstoffen — bei extrem starken Schwankungen im Zeitablauf — von 1968 bis 1976 um rd. 8 % gewachsen. Real waren jedoch erhebliche Einbußen zu registrieren. Der Preisanstieg für feste Brennstoffe belief sich im Betrachtungszeitraum auf 134 %. Danach errechnet sich ein mengenmäßiger Absatzrückgang von rd. 54 %. Dies bedeutet, daß der Großhandel mit festen Brennstoffen im Jahre 1976 weniger als die Hälfte der Mengen des Jahres 1968 abgesetzt hat. Hauptursache dafür war in erster Linie der Absatzrückgang im Sektor Hausbrand und Kleinverbrauch. Hier reduzierte sich der mengenmäßige Inlandsabsatz im Betrachtungszeitraum um annähernd sieben Zehntel.

Ein großer Teil des Gesamtabsatzes an festen Brennstoffen berührt das eigene Lager des Brennstoffgroßhandels nicht. Im Durchschnitt der Branche werden rd. sieben Zehntel des Absatzes über Strecke abgewickelt. Bei Großunternehmen liegt dieser Anteil noch etwas darüber. Bei kleineren Firmen dagegen halten sich Lager- und Streckenumsatz in etwa die Waage.

In den zurückliegenden Jahren hat sich die zwischenbetriebliche Zusammenarbeit auch im Brennstoffhandel zunehmend durchgesetzt. Von den an den Ifo-Erhebungen beteiligten Unternehmen waren rd. 8 % einer Kooperationsgemeinschaft angeschlossen. Es wird jedoch überwiegend nur eine Teilkooperation praktiziert, die in starkem Maße auf den Lagersektor beschränkt ist.

Die Regionalstruktur des Kohlehandels zeigt eine starke Konzentrierung auf das Hauptfördergebiet Nordrhein-Westfalen. Knapp die Hälfte der Unternehmen ist in diesem Bundesland angesiedelt, von denen reichlich die Hälfte des Gesamtumsatzes getätigt wird. Hierin sind jedoch nicht nur Lieferungen an Abnehmer mit Sitz in Nordrhein-Westfalen, sondern auch die „grenzüberschreitenden“ Umsätze, d. h. die

Lieferungen in andere Bundesländer, enthalten. Relativ stark vertreten ist der Großhandel mit festen Brennstoffen ferner in den Ländern Baden-Württemberg und Niedersachsen (Umsatzanteil 12,6 bzw. 10,8 %).

Tabelle 28

Regionale Verteilung von Unternehmen und Umsätzen[a] des Großhandels mit festen Brennstoffen
nach Bundesländern im Jahre 1974

Bundesland	Unternehmen		Umsatz	
	Anzahl	%	1000 DM	%
Schleswig-Holstein	14	1,5	165 597	2,0
Hamburg	24	2,5	375 108	4,6
Niedersachsen	158	16,6	886 542	10,8
Bremen	6	0,6	92 024	1,1
Nordrhein-Westfalen	433	45,5	4 249 321	51,5
Hessen	32	3,4	283 827	3,4
Rheinland-Pfalz	34	3,6	132 667	1,6
Baden-Württemberg	21	2,2	1 039 048	12,6
Bayern	186	19,6	489 993	5,9
Saarland	14	1,5	320 844	3,9
Berlin	29	3,0	209 058	2,6
Bundesgebiet insgesamt	951	100	8 244 029	100

a) Ohne Mehrwertsteuer.
Quelle: Statistisches Bundesamt, Umsatzsteuerstatistik.

c) Betriebswirtschaftliche Situation

Das bislang veröffentlichte Datenmaterial erlaubt auch für den Großhandel mit festen Brennstoffen keinen zeitnahen Einblick in die Ertragsverhältnisse[27]. Die Beantwortung der Frage, ob der in der Branche

[27] Die Ergebnisse der Kostenstrukturstatistik 1976 liegen noch nicht vor. Der vom Institut für Handelsforschung, Köln, durchgeführte Betriebsvergleich umfaßt den gesamten Brennstoffhandel.

Tabelle 29: **Handelsspannen, Kosten und steuerliches Betriebsergebnis im Großhandel mit festen Brennstoffen**[a]

nach Unternehmensgrößenklassen in % des Umsatzes

Unternehmensgrößenklasse (Jahresumsatz in DM)	Handelsspannen			Kosten[b]			Steuerliches Betriebsergebnis		
	1964	1968	1972	1964	1968	1972	1964	1968	1972
100 000 bis unter 1 Mill.	6,6	7,7	—	4,8	4,6	—	1,8	3,1	—
1 Mill. bis unter 2 Mill.	5,8	11,6	10,4 (1 bis unter 5 Mill.)	4,1	8,8	9,1 (1 bis unter 5 Mill.)	1,7	2,8	1,3 (1 bis unter 5 Mill.)
2 Mill. bis unter 5 Mill.	8,0	6,7		6,7	5,0		1,3	1,7	
5 Mill. bis unter 25 Mill.	5,5	5,8	6,9	4,3	4,8	6,0	1,2	1,0	0,9
25 Mill. bis unter 100 Mill.	2,4	6,0	5,1	2,6	5,4	4,4	—0,2	0,6	0,7
Insgesamt[c]	4,3	6,7	7,3	3,7	5,3	6,3	0,6	1,4	1,0

— Nicht erfaßt. — a) Unternehmen mit einem Anteil des Streckengeschäftes von mehr als 50 %. — b) Ohne Unternehmerlohn und Zinsen für Eigenkapital. — c) Zusammengewichtung auf der Basis der Umsatzsteuerstatistik.

Quelle: Statistisches Bundesamt, Kostenstrukturstatistik.

erzielte Bruttoertrag ausreicht, um die Fremd-Handlungskosten sowie die kalkulatorischen Kosten — Unternehmerlohn, Eigenkapitalverzinsung, Mietwert — abzudecken, ist deshalb nur annäherungsweise möglich. Die Kostenspanne im Großhandel mit festen Brennstoffen[28] belief sich im Jahre 1972 auf 6,3 % vom Umsatz. Die Gesamtkosten (ohne kalkulatorische Kosten) sind bis dahin offensichtlich spürbar stärker gestiegen als der Umsatz, auch wenn sich die Kostenexpansion im Vierjahreszeitraum 1968/1972 gegenüber den vorhergehenden vier Jahren etwas abgeflacht hat. Gleichwohl kam es zu einer Verringerung der Gewinnspanne, da die Kalkulation — im Gegensatz zu früher — aus Markt- und Wettbewerbsgründen nicht mehr im selben Ausmaß erhöht werden konnte. Der steuerliche Gewinn reduzierte sich von 1,4 % auf 1,0 % vom Umsatz. Mit dieser Marge liegt der Kohlegroßhandel mit am unteren Ende der Skala aller Großhandelsbranchen.

Nach 1972 hat sich die Kalkulationsspanne insgesamt wieder verringert. Nach den Ergebnissen der Lagerstatistik des Statistischen Bundesamtes, in deren Rahmen auch die Rohertragsquote erhoben wird, verringerte sich die Handelsspanne im Zeitraum 1972/76 um ein Viertel. Sie dürfte demnach derzeit unter 6 % vom Umsatz liegen. Gleichzeitig hat sich jedoch — Erhebungsergebnissen des Ifo-Instituts zufolge — die Verstärkung des Kostendrucks fortgesetzt, d. h. die Kostenspanne ist weiter gestiegen. Daraus ist zu schließen, daß — wenn überhaupt noch — im Großhandel mit festen Brennstoffen nur noch ein minimaler steuerlicher Gewinn erwirtschaftet wird. Berücksichtigt man ferner die kalkulatorischen Kosten, so ist anzunehmen, daß im Durchschnitt der Branche betriebswirtschaftlich — zumindest teilweise — mit Verlust gearbeitet wird. Demnach kann von einer angemessenen, längerfristig die Existenz sichernden Kapitalverzinsung im Großhandel mit festen Brennstoffen nicht mehr gesprochen werden. Es dürfte deshalb, ähnlich wie in den vergangenen Jahren, auch künftig in einigen Firmenbereichen zu Substanzverlusten kommen, eine Tatsache, die auch in dem anhaltend starken Ausleseprozeß ihren Niederschlag findet.

d) Unternehmens- und Umsatzkonzentration

Der Großhandel mit festen Brennstoffen zählt zu den Branchen, in denen der Umsatzanteil der Großunternehmen weit überdurchschnittlich hoch ist. Die verfügbaren Daten deuten allerdings darauf hin, daß der Konzentrationsprozeß innerhalb des institutionellen Großhandels in den zurückliegenden Jahren kaum mehr weiter fortgeschritten ist. So vereinigten im Jahre 1976 — ähnlich wie bereits schon 1968 — die Unternehmen mit Umsätzen über 10 Mill. DM 85 % des Gesamtum-

[28] Bei Unternehmen mit mehr als 50 % Streckenumsatz.

Tabelle 30: **Unternehmen und Umsätze im Großhandel mit festen Brennstoffen**
nach Unternehmensgrößenklassen

Unternehmens-größenklasse (Jahresumsatz in DM)	1968			1972			1974			1976		
	Unter-nehmen	Umsatz		Unter-nehmen	Umsatz		Unter-nehmen	Umsatz		Unter-nehmen	Umsatz	
		1000 DM	%		1000 DM	%		1000 DM	%		1000 DM	%
bis unter 1 Mill.	1 050	323 958	2,9	785	266 981	4,3	548	187 813	2,3	442	161 117	2,3
1 Mill. bis unter 5 Mill.	279	595 787	5,3	267	596 341	9,6	269	578 906	7,0	237	533 334	7,6
5 Mill. bis unter 10 Mill.	71	499 631	4,4	42	289 924	4,7	55	388 514	4,7	54	382 042	5,5
10 Mill. bis unter 50 Mill.	52	1 004 974	9,0	60	1 152 494	18,5	59	1 239 664	15,0	62	1 321 205	19,0
50 Mill. und mehr	20	8 791 295	78,4	15	3 901 028	62,9	20	5 849 132	71,0	19	4 564 738	65,6
Insgesamt	1 472	11 215 685	100	1 169	6 206 768	100	951	8 244 029	100	814	6 962 436	100

Quelle: Statistisches Bundesamt, Umsatzsteuerstatistik.

satzes auf sich. Diese Firmen repräsentieren jedoch nur 10 % aller Unternehmen. Noch ungleichgewichtiger sind die Marktanteilskonstellationen, wenn die Umsätze der revierabhängigen Verkaufsgesellschaften[29] sowie der übrigen in der Statistik nicht erfaßten Groß- und Konzernfirmen in die Betrachtung mit einbezogen werden.

Zu den größten Unternehmen gehören die VEBA-Töchter Stinnes-Stromeyer und Raab Karcher sowie die Firmen Klöckner, Haniel, Krupp und Hansen-Neuerburg. Der Marktanteil dieser Unternehmen ist — gemessen am gesamten auf der regionalen bzw. örtlichen Großhandelsstufe getätigten Umsatz — auf mehr als ein Fünftel zu veranschlagen. Die Gesamtheit der Großunternehmen partizipiert somit mit weit über neun Zehnteln am gesamten funktionalen Großhandelsumsatz. Damit zählt der Festbrennstoffhandel mit Sicherheit zu den Großhandelsbranchen, in denen nicht nur der Grad der Umsatzkonzentration insgesamt, sondern auch die Konzentration im Bereich der größten Unternehmen weit überdurchschnittlich ist und unter wettbewerblichen Gesichtspunkten als in hohem Maße bedenklich erscheint.

3. Wettbewerbssituation und -entwicklung

a) Entwicklung und Niveau der Wettbewerbsintensität

Marktschrumpfung und Umschichtungen der Wettbewerberstruktur haben im Großhandel mit festen Brennstoffen dazu geführt, daß sich das Intensitätsniveau des Wettbewerbs in den letzten Jahren deutlich erhöht hat. Rund drei Viertel der Firmen sprechen von einer erheblichen oder leichten Intensivierung, nahezu vier Fünftel qualifizieren das Intensitätsniveau als sehr hoch oder hoch. Mit zunehmender Unternehmensgröße bekamen die Firmen die wettbewerbsräumlichen Veränderungen dabei in stärkerem Ausmaß zu spüren. Ein beachtlicher Anteil der kleineren Unternehmen hatte eine weitgehend unveränderte und — bedingt durch die fortschreitende Firmenauslese — teilweise auch eine reduzierte Wettbewerbsintensität zu verzeichnen. Dabei handelt es sich in erster Linie um ungebundene sowie kooperierte Brennstoffhandelsunternehmen in wenig agglomerierten Räumen. Im Vergleich zu anderen Branchen und Produktbereichen war das Ausmaß der Intensivierung des Wettbewerbs — bedingt durch ein bereits hohes „Ausgangsniveau" — unterdurchschnittlich. Der Wettbewerbsgrad wird insgesamt als „gemäßigt hoch" angesehen (vgl. Anhangtabellen A 20 und A 21).

[29] Lieferungen, soweit sie an die potentiellen Kunden des Großhandels gehen.

Tabelle 31

Entwicklung der Wettbewerbsintensität im Handel mit festen Brennstoffen im Urteil der Unternehmen
nach Unternehmensgrößenklassen

Unternehmensgrößenklasse (Jahresumsatz in Mill. DM)	Nach Meinung von ....% der Unternehmen ist der Wettbewerb in den letzten Jahren				
	erheblich intensiver geworden	etwas intensiver geworden	gleich geblieben	etwas schwächer geworden	erheblich schwächer geworden
unter 2	17	16	39	17	11
2 bis unter 4	61	8	31	—	—
4 bis unter 10	58	11	21	—	10
10 bis unter 20	52	26	13	9	—
20 bis unter 50	67	8	21	4	—
50 und mehr	72	12	16	—	—
Insgesamt	62	14	19	3	2

Quelle: Erhebungen des Ifo-Instituts im Jahre 1977.

Die strukturellen Umschichtungen, die in den letzten Jahren im Brennstoffhandel vor sich gegangen sind und sich in jüngster Zeit noch beschleunigt haben, sind gekennzeichnet durch beachtliche Firmenselektion sowie durch Firmenaufkäufe und -fusionen sowohl im Großhandel wie im Einzelhandel. Etwa die Hälfte aller Brennstoffhändler hatte seit Anfang der siebziger Jahre derartige nachhaltige Strukturveränderungen in ihren Wettbewerbsräumen zu verzeichnen, rd. zwei Fünftel der Firmen nahmen selbst entsprechende organisatorisch-kapitalmäßige Anpassungsmaßnahmen vor. Während kleinere Firmen im wesentlichen durch Eintritt in eine Kooperationsgemeinschaft der verstärkten externen und internen Konkurrenz im Bereich fester Brennstoffe zu begegnen trachteten, suchten die größeren Unternehmen in erster Linie durch Firmenaufkäufe sowie Fusionierungen Markträume und Marktanteile auf sich zu ziehen. Der Kreis der übernehmenden bzw. aufkaufenden Firmen konzentriert sich im Schwergewicht auf die Konzernunternehmen, nur in geringem Umfang nahmen selbständige Brennstoffgroßhändler Beteiligungen an anderen Großhandelsunternehmen oder Firmenübernahmen vor. Bei den verkaufenden Firmen handelt es sich großteils um selbständige, ungebundene Großhändler mittlerer und höherer Umsatzgröße. Doch auch innerhalb des Konzernbereichs erfolgten Verkäufe und gegenseitige Beteiligungen, ein Vorgang, der die Konzentration in ihrer Wirkung noch verstärkt hat. Unter den aufkaufenden Konzernunternehmen werden Raab Karcher, Stinnes-Stromeyer, die Verges-Gruppe, Haniel sowie Winschermann (Saarbergwerke) am häufigsten genannt.

Tabelle 32

Intensität des Wettbewerbs im Handel mit festen Brennstoffen im Urteil der Unternehmen
nach Unternehmensgrößenklassen

Unternehmensgrößenklasse (Jahresumsatz in Mill. DM)	.......% der Unternehmen beurteilen die Intensität des Wettbewerbs derzeit als				
	sehr hoch	hoch	mittel	schwach	sehr schwach
unter 2	6	39	33	11	11
2 bis unter 4	31	31	30	8	—
4 bis unter 10	26	37	16	11	10
10 bis unter 20	35	48	17	—	—
20 bis unter 50	38	46	8	8	—
50 und mehr	52	36	8	4	—
Insgesamt	38	41	13	6	2

Quelle: Erhebungen des Ifo-Instituts im Jahre 1977.

Ein wesentliches Datum in den Strukturgegebenheiten des Handels mit festen Brennstoffen stellt offensichtlich auch das Vordringen der landwirtschaftlichen Genossenschaftsunternehmen in diesen Marktbereich dar. Gerade in ländlichen Räumen hat die flächendeckende Marktpräsenz dieser Unternehmen — ähnlich wie im Baustoffhandel — häufig zu Betriebsaufgaben im klein- und mittelbetrieblichen Bereich geführt.

Tabelle 33: **Wertung der Wirkungen von Unternehmenskonzentrationen und Fusionen im Marktbereich des Handels mit festen Brennstoffen durch die Unternehmen**
nach Betriebsformen

Betriebsform	Durch Unternehmenskonzentrationen, Fusionen und Zusammenschluß großer Unternehmen erfolgte in den letzten Jahren nach Einschätzung von ...% der Unternehmen[a] in ihrem Marktbereich					
	keine wesentliche Veränderung des Wettbewerbs	eine erhebliche Verschärfung des Wettbewerbs	eine erhebliche Intensivierung speziell des Preiswettbewerbs	eine Beeinträchtigung der Wettbewerbsposition	eine Beschränkung bzw. Beeinträchtigung der Absatzmöglichkeiten	eine Beschränkung bzw. Beeinträchtigung der Beschaffungsmöglichkeiten
Selbständiges, ungebundenes Großhandelsunternehmen	30	39	50	25	30	7
Selbständiges, aber kooperiertes Großhandelsunternehmen	23	35	78	35	38	—
Tochtergesellschaft eines Konzernunternehmens	26	57	48	21	21	—
Insgesamt	27	47	50	23	26	4

a) Mehrfachmeldungen waren möglich.
Quelle: Erhebungen des Ifo-Instituts im Jahre 1977.

Die wettbewerblichen Wirkungen von Unternehmenskonzentrationen und -fusionen im Marktbereich des Handels mit festen Brennstoffen werden entsprechend den differenzierten markträumlichen Gegebenheiten von den Unternehmen recht unterschiedlich beurteilt. Rund ein Viertel der Unternehmen ist der Meinung, daß hierdurch keine wesentliche Veränderung des Wettbewerbs erfolgte; überwiegend handelt es sich hierbei um Unternehmen mit Jahresumsätzen von weniger als 4 Mill. DM. Das Gros der Brennstoffhändler — und hierbei insbesondere die größeren Unternehmen — sieht darin aber eine wesentliche Ursache für die in den letzten Jahren erfolgte Verschärfung des Wettbewerbs, vor allem in Form des rigorosen Preiswettbewerbs. Das Vordringen der Konzern- und Systemunternehmen hat bei Unternehmen aller Größenklassen zu zusätzlichen Schrumpfungen des Absatzpotentials geführt. Nahezu ein Viertel der Firmen sieht in den Konzentrationsvorgängen eine wesentliche Ursache für die Verschlechterung der unternehmerischen Konstitution und spricht von einer Beeinträchtigung der Wettbewerbsposition. Dabei handelt es sich zwar im Schwergewicht um traditionelle Handelsunternehmen des nichtkooperierten Bereichs, doch auch im Bereich der Konzernunternehmen führte die verstärkte Überlappung und Deckung der Marktgebiete zu einer zunehmenden Beeinträchtigung der Wettbewerbskonstitution der verschiedenen Niederlassungen (vgl. Anhangtabelle A 22).

b) Entwicklung und Qualität der Wettbewerbsposition der Unternehmen

Den umfangreichen und nachhaltigen Umstrukturierungen des Marktes entsprechend hat die Wettbewerbsposition der Unternehmen, ihre betriebswirtschaftliche Konstitution, ihre Fähigkeit, sich an die Marktveränderungen anzupassen, in weiten Bereichen eine qualitative Veränderung erfahren. Das Gros der Firmen (rd. 60 %) hatte eine Verschlechterung der Wettbewerbslage zu verzeichnen, nur ein kleiner Teil (rd. 15 %) eine Positionsverbesserung. Ausmaß und Intensität der Verschlechterung der Wettbewerbslage waren bei den Klein- und Mittelbetrieben und dabei offensichtlich im Bereich der kooperierten Firmen am ausgeprägtesten. Im Durchschnitt des gesamten Brennstoffhandels werten nahezu zwei Fünftel der Firmen ihre derzeitige Wettbewerbsposition als schlecht, gut ein Zehntel der Firmen dürfte sich dabei im akuten Gefährdungsbereich der Unternehmensexistenz befinden. Innerhalb der einzelnen Gruppen und Größenklassen weicht das Bild der Wettbewerbssituation allerdings beträchtlich vom Durchschnitt ab. Die Erhebungsergebnisse machen deutlich, daß der Kampf um die Marktanteile bei stark schrumpfendem Gesamtmarkt im Schwergewicht zu Lasten der Kleinunternehmen ging. Im Bereich der Unter-

Tabelle 34

Wettbewerbsposition im Handel mit festen Brennstoffen im Urteil der Unternehmen

nach Unternehmensgrößenklassen

Unternehmensgrößenklasse (Jahresumsatz in Mill. DM)	........% der Unternehmen beurteilen ihre derzeitige Wettbewerbsposition als				
	sehr gut	gut	befriedigend	schlecht	sehr schlecht
unter 2	—	—	5	67	28
2 bis unter 4	—	—	46	31	23
4 bis unter 10	—	5	35	45	15
10 bis unter 20	—	9	61	21	9
20 bis unter 50	—	17	50	21	12
50 und mehr	4	29	42	21	4
Insgesamt	1	15	46	27	11

Quelle: Erhebungen des Ifo-Instituts im Jahre 1977.

nehmen unter 4 Mill. DM Jahresumsatz dürfte etwa ein Viertel der Unternehmen — trotz der schon in den zurückliegenden Jahren erfolgten starken Reduzierung der Betriebszahl — in beträchtlichem Maße von der Auslese bedroht sein. Der Kreis dieser Unternehmen rekrutiert sich in erster Linie aus kooperierten Firmen. Der Gefährdungsbereich reicht aber bis in die Gruppe der Großunternehmen. Vergleicht man die Firmenwertungen über die Wettbewerbsintensität sowie die Wettbewerbsposition der Unternehmen, so fällt auf, daß im Brennstoffhandel trotz einer — gemessen an anderen Großhandelsbranchen — unterdurchschnittlichen Intensivierung des Wettbewerbs und eines gemäßigt hohen Wettbewerbsgrades die Wettbewerbsposition auf weit überdurchschnittlicher Breite eine Verschlechterung erfuhr und der Bereich der Existenzgefährdung von Unternehmen erheblich größer ist. Dies unterstreicht, daß die Marktschrumpfung die Hauptursache für die schlechte Wettbewerbslage eines Großteils von Betrieben darstellt, die in ihrer Wirkung aber zweifelsohne in spürbarem Umfang durch die Konzentration und das aggressivere Marktgebaren von Unternehmen noch gesteigert wurde (vgl. Anhangtabellen A 23 und A 24).

Tabelle 35

Wettbewerbsposition im Handel mit festen Brennstoffen im Urteil der Unternehmen

nach Betriebsformen

Betriebsform	......% der Unternehmen beurteilen ihre derzeitige Wettbewerbsposition als				
	sehr gut	gut	befriedigend	schlecht	sehr schlecht
Selbständiges, ungebundenes Großhandelsunternehmen	—	8	47	32	13
Selbständiges, aber kooperiertes Großhandelsunternehmen	—	—	35	35	30
Tochtergesellschaft eines Konzernunternehmens	3	28	48	19	2
Insgesamt	1	15	46	27	11

Quelle: Erhebungen des Ifo-Instituts im Jahre 1977.

c) Wettbewerbskonstellation nach Unternehmensgruppen

In welchem Ausmaß in den letzten Jahren innerhalb des Handels mit festen Brennstoffen Umgruppierungen der Umsatz- und Wettbewerbsstärke stattgefunden haben, wird besonders deutlich bei der Einschätzung der Konkurrenzstärke der verschiedenen Angebotsformen durch die Unternehmen. Über vier Fünftel aller Unternehmen sehen in Konzernunternehmen die stärksten oder mit die stärksten Konkurrenten. Dieser hohe Anteilssatz führt den bereits erreichten Marktdurchdringungsgrad der Konzernbetriebe besonders deutlich vor Augen. Nur ein kleiner Teil der Brennstoffhändler ist somit im jeweiligen Wettbewerbsraum noch nicht mit einem oder mehreren Vertretern dieser Anbietergruppe konfrontiert. Neben den Konzernbetrieben ist dem traditionellen Brennstoffhandel in den landwirtschaftlichen Genossenschaften und deren Warenhandelsbetrieben ein Konkurrent mit beachtlichem Gewicht erwachsen. Kleinbetriebe messen ihnen standortbedingt eine stärkere Bedeutung im Wettbewerb zu als den Konzernunternehmen. Neben der Gruppe der Konzernhandelsgesellschaften sind im Zuge der Neuorganisation der Absatzwege bei den Bergwerkgesellschaften Ruhrkohle, Rheinische Braunkohle und Saarbergbau die

Tabelle 36

Die stärksten unmittelbaren Konkurrenten im Handel mit festen Brennstoffen im Urteil der Unternehmen

nach Unternehmensgrößenklassen

Unternehmens-größenklasse (Jahresumsatz in Mill. DM)	Von ... % der Unternehmen[a] werden als stärkste unmittelbare Konkurrenten angesehen			
	Selbständige, ungebundene Großhandelsunternehmen	Werkshandels- oder Vertriebsgesellschaften	Tochtergesellschaften von Konzernunternehmen	Genossenschaftlich organisierte Unternehmen
unter 2	25	—	56	69
2 bis unter 4	17	25	83	42
4 bis unter 10	16	5	79	47
10 bis unter 20	17	17	87	48
20 bis unter 50	13	21	79	46
50 und mehr	17	42	83	21
Insgesamt	16	24	81	39

a) Mehrfachmeldungen waren möglich.
Quelle: Erhebungen des Ifo-Instituts im Jahre 1977.

werkseigenen regionalen Vertriebsgesellschaften zunehmend zu starken Wettbewerbern geworden. Vor allem die Großunternehmen mit regionalen Absatzmärkten sowohl aus dem Lager der traditionellen selbständigen Brennstoffhändler als auch der Konzernhandelsgesellschaften bekamen diese Wettbewerbskraft zu spüren. Daß der Wettbewerb im Handel mit festen Brennstoffen heute weitgehend von den Konzern- und Konzentrationssystemen beherrscht wird, bestätigen die Unternehmerurteile aus allen Betriebsformen. Die Relation des Wettbewerbsgewichts dieser Angebotsformen zum selbständigen Großhandel lautet etwa 9 : 1. Die Konzernunternehmen empfinden neben dem Wettbewerb aus den eigenen Reihen vor allem den Wettbewerbsdruck der landwirtschaftlichen Genossenschaften (vgl. Anhangtabelle A 25).

Ein wesentliches Datum in der strukturellen Umschichtung des Handels mit festen Brennstoffen stellen die „konzentrationsfördernden“

Konditionen der produktionseigenen Vertriebsorgane dar, die für die Bedienung als Ersthand-Großhändler bestehen. Trotz der erheblichen Reduzierung der Absatz- und Verbrauchsvolumina sind die Jahrespflichtabnahmemengen für Ersthand-Händler bei einigen Zechen teilweise seit 1950 unverändert belassen worden. Bemühungen insbesondere des freien Großhandels, hier eine Änderung herbeizuführen, sind offensichtlich weitgehend ergebnislos geblieben. Soweit die Jahrespflichtabnahmemengen nicht mehr erbracht werden konnten, mußten Ersthand-Händler als Zweithand-Händler mit erheblich geringeren Spannen und damit geringeren Absatzchancen arbeiten oder wurden von produktionseigenen Vertriebsgesellschaften bzw. Konzernunternehmen übernommen. Ein Teil der Großhändler hat wegen fehlender Absatz- und Ertragsmöglichkeiten den Verkauf von festen Brennstoffen eingestellt. Die Konzentrationstendenzen auf der Großhandelsstufe werden noch dadurch forciert, daß durch Zechen-Vertriebsgesellschaften und Konzernunternehmen in beachtlichem Umfang Firmenaufkäufe auf der Einzelhandelsstufe erfolgten, womit eine weitere Einschränkung des Absatzvolumens des freien Brennstoffgroßhandels einherging. Die Marktform im Handel mit festen Brennstoffen, die noch in den sechziger Jahren durch eine breite Streuung und Mischung nach Größenklassen und Unternehmensgruppen geprägt war, erhält mit der zunehmenden horizontalen und vertikalen Konzentration im Vertriebsbereich in immer deutlicherer Ausprägung die Form eines engen Oligopols.

d) *Einsatz der wettbewerbspolitischen Instrumente*

Die Wettbewerbspolitik der in den Absatz von festen Brennstoffen eingeschalteten Unternehmen hat sich in den letzten Jahren zunehmend auf die Preispolitik verlagert. Lieferfähigkeit und Lieferbereitschaft sowie breite Sortimentierung stellen zwar weiterhin die Basisinstrumente dar, doch ließen sich diese Instrumente verstärkt nur noch in Verbindung mit extrem knapp kalkulierten Preisen zur Geltung bringen. Dies gilt in erster Linie für die Ersthand-Stufe des Großhandels, die nach Firmenmeldungen etwa 90 % aller „Handelsnutzen und Rabatte" an die nachfolgende Stufe weitergeben mußte, um die erforderlichen Absatzmengen und damit überhaupt das Kontingent der Pflichtabnahmemengen bei den Revieren zu erreichen. Gleichwohl verfügt die Zweithand-Stufe insgesamt über erheblich kleinere Spannen und konnte sich damit ohne Substanzverluste in den Preiswettbewerb um größere Abnehmer kaum einschalten. Die traditionellen Brennstoffhändler werden durch das Vordringen der Zechen-Verkaufsgesellschaften und Konzernunternehmen verstärkt in die Bedienung der Kleinpositionen abgedrängt. Doch auch dort geraten sie unter verstärkten

Druck, insbesondere von seiten der landwirtschaftlichen Genossenschaftsbetriebe.

Den Befragungsergebnissen nach setzen die kooperierten Firmen in besonders starkem Maße auf das Instrument der Preispolitik und suchen damit Absatzvolumina zu halten (vgl. Anhangtabellen A 26 und A 27).

Tabelle 37

Die Wertigkeit der einzelnen Wettbewerbsinstrumente bei den Konzernunternehmen und Genossenschaftsunternehmen im Handel mit festen Brennstoffen im Urteil der konkurrierenden Unternehmen

nach Betriebsformen

Betriebsform	Konzernunternehmen sowie Genossenschaftsunternehmen setzen nach Meinung von ....% der Unternehmen[a] in erster Linie folgende Wettbewerbsinstrumente ein				
	Lieferfähigkeit/ Lieferbereitschaft	Preis/ Rabatt	Breites Sortiment	Kreditgewährung an die Abnehmer	Sonstige
Selbständiges, ungebundenes Großhandelsunternehmen	8	95	6	35	9
Selbständiges, aber kooperiertes Großhandelsunternehmen	8	100	8	45	18
Tochtergesellschaft eines Konzernunternehmens	46	88	22	69	8
Insgesamt	25	92	13	50	9

a) Mehrfachmeldungen waren möglich.
Quelle: Erhebungen des Ifo-Instituts im Jahre 1977.

In welcher Stärke sich das Wettbewerbsgeschehen im Brennstoffhandel auf die preisbezogenen Leistungskomponenten verlagert hat, wird im Urteil der Firmen über die Wertigkeit der einzelnen Wettbewerbsinstrumente bei den Konzernunternehmen sowie den Genossenschaftsunternehmen besonders deutlich vor Augen geführt. Unternehmen aller Organisationsformen und aller Größenklassen bezeichnen

Preis, Rabatt und Kreditgewährung an die Abnehmer als die ausgeprägt dominanten Wettbewerbsinstrumente dieser Konzentrationsformen. Allen anderen Instrumenten kommt nur weit nachrangige Bedeutung zu. Der Wettbewerb wird somit in erster Linie auf der Basis von Nachfragemacht und produktionsbezogener Kapitalintegration ausgetragen. Unternehmen, die über diese konstitutionellen Voraussetzungen nicht verfügen, werden in diesem Produktbereich zunehmend von ihren Absatzvolumina, ihren Bezugs- und Absatzkonditionen und damit ihrer Ertragskraft her zu Grenzbetrieben (vgl. Anhangtabelle A 28).

Um diesen von dem bereits erreichten Konzentrationsstand und den weiterhin vor sich gehenden Konzentrationsmaßnahmen ausgehenden Wirkungen auf die unternehmerische Existenzfähigkeit zu begegnen,

Tabelle 38

Reaktionsmaßnahmen der Unternehmen im Handel mit festen Brennstoffen auf Konzentrationsvorgänge im Markt

nach Betriebsformen

Betriebsform	Als Reaktion auf die im Markt vor sich gehenden Konzentrationsvorgänge beabsichtigen ......% der Unternehmen[a)] folgende Maßnahmen				
	Eintritt in eine Kooperationsgemeinschaft	Verstärkung der Kooperation	Fusion mit anderen selbständigen Großhandelsunternehmen	Verkauf des Unternehmens bzw. von Anteilen des Unternehmens	Diversifizierung durch Betätigung in einer anderen Branche
Selbständiges, ungebundenes Großhandelsunternehmen	14	30	6	12	65
Selbständiges, aber kooperiertes Großhandelsunternehmen	5	43	8	22	81
Tochtergesellschaft eines Konzernunternehmens	24	30	15	13	60
Insgesamt	18	31	10	13	64

a) Mehrfachmeldungen waren möglich.

Quelle: Erhebungen des Ifo-Instituts im Jahre 1977.

planen etwa drei Viertel der Unternehmen gezielte Anpassungsmaßnahmen. Der Großteil der Unternehmen will dabei mehrgleisig vorgehen und neben organisatorisch-kapitalmäßigen Veränderungen auch eine Veränderung im Betätigungsschwerpunkt vornehmen. Nahezu zwei Drittel dieser Firmen wollen in eine andere Handelsbranche ausweichen und den bisherigen Angebotsbereich nur noch als Randsortiment führen. Ein Teil der Unternehmen dagegen versucht durch Fusion mit anderen Großhandelsunternehmen sowie im Wege der Kooperationsgemeinschaft die für eine Geschäftsfortführung unbedingt erforderliche Vergrößerung der Nachfrage- und Absatzstärke zu erreichen. Ob diese organisatorisch-kapitalmäßigen Anpassungsmaßnahmen im Bereich des traditionellen Brennstoffhandels auf breiter Front von Erfolg gekrönt sein werden, ist gerade angesichts der im Konzernbereich weiter vor sich gehenden Integrations- und Fusionsvorgänge fraglich. Gerade die Konzernunternehmen planen zur wettbewerblichen Stärkung auf größter Breite unter allen Angebotsformen Kooperations- und Fusionsmaßnahmen. Bei den Kooperationsplänen handelt es sich im Schwergewicht um regionale und lokale Lager- und Transportgemeinschaften zur Rationalisierung der physischen Warenfunktionen.

Insbesondere bei den Unternehmen mit Jahresumsätzen zwischen 4 und 20 Mill. DM scheint die „Entmutigung" bzw. die konstitutionelle Schwächung bereits soweit fortgeschritten zu sein, daß man zu einem beachtlichen Anteil nur noch im Verkauf des Unternehmens eine Chance sieht, Kapitalsubstanz zu sichern. Dabei sind es nicht nur selbständige, traditionelle Handelsunternehmen, sondern auch Konzerngesellschaften, die durch Verkäufe von Niederlassungen eine Straffung ihres Absatznetzes und damit eine betriebswirtschaftliche Konsolidierung erreichen wollen (vgl. Anhangtabelle A 29).

e) *Längerfristige Existenzchancen im Urteil der Unternehmen*

Die aus der Analyse der Konzentrations- und Wettbewerbsbedingungen sich ergebenden Perspektiven für den Brennstoffhandel werden durch die Firmenwertungen weitgehend bestätigt. Das Gros der Unternehmen (54 %) beurteilt seine Geschäftsaussichten und Existenzchancen auf längere Sicht als schlecht. Gut zwei Fünftel der Firmen sprechen von befriedigenden Geschäftsperspektiven, nur 4 % geben die Wertung „gut" ab. Damit präsentiert sich im Brennstoffhandel eine derartig ungünstige Langfristperspektive wie in keinem anderen untersuchten Großhandelsbereich. Bereits Anfang der siebziger Jahre waren die längerfristigen Geschäftserwartungen in dieser Branche ungünstiger als im Durchschnitt des Rohstoff- und Produktionsverbindungshandels, der Niveauabstand war allerdings bei weitem nicht so groß. Die in den letzten Jahren verstärkte Ausschaltung des traditionellen Handels durch das Vordringen der Zechen-Vertriebsgesellschaften und Konzernunternehmen wie auch der landwirtschaftlichen Warenhandelsgenossenschaften hat die konstitutionelle Verfassung eines beachtlichen Teils von Firmen derart geschwächt, daß in den kommenden Jahren mit Firmenaufgaben und Konkursen in erheblichem Umfang zu rechnen ist. Der Wettbewerb in diesem Bereich wird stärker als in anderen Handelssektoren und auf noch größerer Breite als bisher zu einem Kapital- und Systemwettbewerb werden. Großunternehmen sowie Konzernunternehmen beurteilen ihre längerfristigen Geschäftsaussichten zwar erheblich günstiger als Klein- und Mittelbetriebe, doch ist unverkennbar, daß auch in deren Bereich ein nicht unerheblicher Anteil von Betrieben und Unternehmen im Festbrennstoffbereich sich in der Gefährdungszone befindet. Gerade auf dem Hintergrund dieser Firmenurteile und -erwartungen ist auch hier mit weiteren Fusionen und Firmenaufkäufen zu rechnen (vgl. Anhangtabelle A 30).

Unternehmen, die sich derzeit schon in einer schlechten Wettbewerbsverfassung befinden, wird es nur in Einzelfällen gelingen, eine konstitutionelle Verbesserung herbeizuführen. Doch auch ein beachtlicher

Tabelle 39

Die längerfristigen Existenzchancen im Handel mit festen Brennstoffen im Urteil der Unternehmen
nach Unternehmensgrößenklassen

Unternehmensgrößenklasse (Jahresumsatz in Mill. DM)	... % der Unternehmen beurteilen ihre Geschäftsaussichten und Existenzchancen auf längere Sicht als		
	gut	befriedigend	schlecht
unter 2	—	11	89
2 bis unter 4	—	15	85
4 bis unter 10	—	26	74
10 bis unter 20	5	36	59
20 bis unter 50	4	46	50
50 und mehr	8	56	36
Insgesamt	4	42	54

Quelle: Erhebungen des Ifo-Instituts im Jahre 1977.

Teil von Brennstoffhändlern, die ihre Wettbewerbslage als befriedigend beurteilen, wird in den kommenden Jahren in den Gefährdungsbereich der Unternehmensexistenz geraten. Lediglich die Unternehmen, die derzeit eine starke Marktposition innehaben, werden ihre Stellung behaupten, konsolidieren, teilweise ausbauen können. Im Schwergewicht handelt es sich dabei um Unternehmen mit Jahresumsätzen von mehr als 20 Mill. DM (vgl. Anhangtabelle A 31).

Der Handel mit festen Brennstoffen wird auf mittlere Sicht im wesentlichen nur noch von wenigen vertikalen Systemen geprägt sein, Revier- und Konzernunternehmen werden dabei die dominante Rolle spielen. Dem selbständigen, traditionellen Brennstoffhandel verbleibt weitgehend nur noch die Funktion der Bedienung von Kleinpositionen. Ob bei einer starken Verengung des Oligopolbereichs die Voraussetzungen für einen funktionierenden Wettbewerb bestehen bleiben, ist zu bezweifeln. Die langfristige Verwirklichung der strukturpolitischen Zielsetzung, eine ausgewogene Mischung von Groß- und Kleinunternehmen zu erhalten, ist bereits beim derzeitigen Stand der Wettbewerbskonstellation in Frage gestellt.

IV. Holzhandel

1. Marktvolumen und Stellung des Holzgroßhandels im Rahmen der Distribution

Die gesamte wertmäßige inländische Produktion an Holz und Holzhalbwaren belief sich im Jahre 1975 auf 5,8 Mrd. DM. Aus der Außenhandelsstatistik errechnet sich ein Importüberschuß von knapp 1 Mrd. DM, so daß die gesamte wertmäßige Inlandsverfügbarkeit auf 6,8 Mrd. DM zu veranschlagen ist. Für 1976 ist eine Steigerungsrate von durchschnittlich 10 % anzusetzen, woraus sich eine Inlandsverfügbarkeit von 7,5 Mrd. DM ergibt. Der Gesamtumsatz des institutionellen Holzgroßhandels stellte sich 1976 auf 10,3 Mrd. DM, wovon auf die Sparte Schnittholz 5,7 Mrd. DM, auf den Großhandel mit Rund-, Gruben- und Faserholz 2,5 Mrd. DM und auf den Großhandel mit sonstigen Holzhalbwaren und Kunststoffplatten 2,1 Mrd. DM entfallen. Der Anteil der „branchenfremden" Umsätze schwankt je nach Sparte zwischen 2 und 6 %. Der „reine" Holzumsatz beläuft sich somit auf 9,86 Mrd. DM. Um eine Vergleichbarkeit mit der aus Produktions- und Außenhandelsstatistik berechneten Inlandsverfügbarkeit zu erhalten, ist die Großhandelsspanne abzuziehen. Diese beträgt im Durchschnitt der drei Großhandelssparten 23,7 %. Zu Herstellerabgabepreisen bewertet belief sich der Umsatz des Holzhandels im Jahre 1976 demnach auf 7,52 Mrd.

DM. Diese Größe beinhaltet auch Zwischenumsätze, d. h. Lieferungen des Großhandels an andere Handelsunternehmen. Um die tatsächlich über den Großhandel mit Verwendern und Verbrauchern getätigten Umsätze zu ermitteln, müssen diese Zwischenumsätze eliminiert werden. Der Umsatz des institutionellen Holzgroßhandels ohne Zwischenumsätze stellt sich, zu Einstandspreisen bewertet, auf 6,34 Mrd. DM. In den Vertrieb von Holz und Holzhalbwaren sind jedoch noch andere Absatzmittler eingeschaltet. Bei funktionaler Betrachtung ist auch die speziell bei Holz sehr bedeutende Handelsvertretung miteinzubeziehen. Ferner sind noch jene Holzumsätze zu berücksichtigen, die von Unternehmen außerhalb des Holzhandels getätigt werden. Der Marktanteil dieser Firmen (ohne Konzernfirmen) beträgt — gemessen am institutionellen Großhandelsumsatz — 9 %.

Die Einschaltung des institutionellen Holzgroßhandels in den Inlandsabsatz von Holz und Holzhalbwaren beläuft sich auf reichlich vier Fünftel. Dieser Anteil liegt weit über dem Großhandelsdurchschnitt. Einschließlich der funktionsmäßig dem Großhandel zuzurechnenden Handelsvermittlungsumsätze und der übrigen Großhandelsbranchen ergibt sich eine Einschaltungsquote von beinahe 100 %.

Dem Holzgroßhandel dürfte es in den zurückliegenden Jahren gelungen sein, seine Position als Absatzmittler weitgehend zu halten. Erhebungen des Ifo-Instituts zufolge sind per saldo drei Zehntel der Unternehmen sogar der Meinung, daß sich der Einschaltungsgrad erhöht hat. Diese Einschätzung wird durch die verfügbaren quantitativen Informationen bestätigt. So sind die Umsätze des Holzgroßhandels insgesamt stärker gewachsen als die der wichtigsten Marktpartner. Teilweise ist dies allerdings auch auf die Ausweitung der Einzelhandelsaktivitäten zurückzuführen.

2. Leistungs- und Erscheinungsbild des Holzgroßhandels

a) Funktionenprofile

Der Holzgroßhandel ist traditionell in erster Linie Produktionsverbindungshandel. Im Jahre 1970 wurden im Durchschnitt der Sparten neun Zehntel des Umsatzes mit gewerblichen Kunden getätigt. Die weitaus bedeutendsten Abnehmer mit einem Anteil von rd. sieben Zehnteln waren die Industrie und das Handwerk, und zwar vor allem die Zellstoff-, Papier- und Pappeindustrie, die Spanplattenindustrie, die Holzverarbeitung sowie die Bauwirtschaft. Auf Lieferungen an andere Großhandelsunternehmen entfiel reichlich ein Zehntel des Umsatzes.

Ein Blick auf die Struktur der Warenbezüge zeigt eine starke Importorientierung. Am höchsten ist die Importquote der Sparte Rund-, Gruben- und Faserholz (rd. 80 %). Zwei Fünftel der Warenbezüge kommen im Durchschnitt von inländischen Erzeugern. Bei Holzhalbwaren und Kunststoffplatten liegt der Anteil bei zwei Dritteln. Der inländischen Forstwirtschaft kommt als Lieferant naturgemäß nur bei Rund-, Gruben- und Faserholz nennenswerte Bedeutung zu.

Der Absatzmarkt eines Holzgroßhandelsunternehmens ist in der Regel auf einen lokalen, engeren Raum beschränkt. Das gilt vor allem für kleinere und mittlere Unternehmen (bis 10 Mill. DM Jahresumsatz). Bei größeren Unternehmen nimmt der Absatzradius erheblich zu. Die Kunden- und Lieferbeziehungen erstrecken sich hier bei etwa der Hälfte der Firmen auf eine größere Region (z. B. Ruhrgebiet, Rhein-Main-Gebiet). Über einen überregionalen bzw. über das gesamte Bundesgebiet reichenden Absatzraum verfügen erwartungsgemäß nur ausgesprochene Großunternehmen des selbständigen Großhandels sowie Niederlassungen bzw. Tochtergesellschaften von Konzernunternehmen[30].

In den zurückliegenden Jahren hat sich das Betätigungsfeld des Holzgroßhandels in horizontaler Richtung, also durch die Verbreiterung des Aktionsfeldes, aber auch in vertikaler Richtung durch einen verstärkten Einstieg in die Einzelhandelstätigkeit vergrößert. Es kam dabei sowohl zu einer erheblichen Ausweitung als auch zu einer Neuorientierung bzw. fachlichen Neuausrichtung der Sortimente, insbesondere auf den Bedarfsbereich „Bauen". So ist es auch zu verstehen, daß sich trotz der allgemeinen Sortimentsexpansion ein zunehmend größerer Teil der Holzhandelsunternehmen — es sind derzeit bereits über 20 % — als Fach- bzw. Spezialhändler versteht. Ifo-Erhebungsergebnissen zufolge charakterisierte sich der Holzhandel noch vor wenigen Jahren fast durchweg als Sortimentshandel mit einem breiten, umfassenden Holzsortiment. Die zunehmende Spezialisierung ist indes nicht mit einer Reduzierung des Sortimentsumfanges gleichzusetzen. Das Lieferprogramm hat sich vielmehr eher noch vergrößert, es erfolgte jedoch anstelle der traditionellen Herkunftsorientierung eine stärkere Bedarfsorientierung. Der Trend zur Spezialisierung ist vor allem beim selbständigen, ungebundenen Handel sowie bei konzernabhängigen Unternehmen zu beobachten.

Sortimentserweiterungen und -umstrukturierungen erfolgten vor allem durch die Aufnahme neuer Produkte, etwa von vorgefertigten

---

[30] Die entsprechende Frage nach der Größe des Absatzmarktes war — sofern ein Unternehmen mehrere Niederlassungen unterhält — aus der Sicht der einzelnen Filialen und nicht des Gesamtunternehmens zu beantworten. Ein bundesweiter Absatzraum bedeutet also in diesem Falle, daß auch die einzelne Niederlassung Lieferbeziehungen im gesamten Bundesgebiet unterhält.

Erzeugnissen und Elementen, Isolationsmaterialien sowie Materialien für den Innenausbau und die Innenausstattung. Der Anteil vorgefertigter Teile am Gesamtumsatz ist mittlerweile bereits auf knapp ein Sechstel gestiegen. In Sortimentsveränderungen und -erweiterungen sah der Holzhandel einmal neue Expansionschancen, zum anderen sind sie auch Ausdruck seiner funktionellen Umorientierung. Der Holzhandel versteht sich nicht mehr nur als Lieferant, sondern gleichzeitig als Partner des Handwerks. Das gilt vor allem für jene Produkte und Märkte, die dem Handwerk durch zunehmende industrielle Fertigung verloren gegangen sind. Der Holzhandel sieht in einer engeren Kooperation mit dem Handwerk die Chance, den Markt der Fertigelemente zurückzuerobern. Der Handel übernimmt dabei die Funktionen der Markterschließung, Sortimentierung und Lagerung, dem Handwerk kommt die Aufgabe zu, die Handelsware mit den erforderlichen handwerklichen Zusatzleistungen zu versehen.

Eine weitere markante Ausprägung der funktionsmäßigen Umorientierung ist im Ausbau der Einzelhandelsaktivitäten zu sehen. Die verstärkte Hinwendung zum privaten Kunden war auf breiter Basis zu beobachten. Bei rd. drei Fünfteln der befragten Unternehmen hat sich in den zurückliegenden Jahren die Abnehmerstruktur verändert, und zwar ganz überwiegend durch den Einstieg in die Einzelhandelsfunktion.

Im Jahre 1968 hatte der Anteil der Einzelhandelsumsätze rd. 8 % betragen. In den darauffolgenden Jahren hat er sich kontinuierlich vergrößert und dürfte derzeit bereits bei knapp einem Fünftel liegen. Entsprechend der zunehmenden Bedeutung der Letztverbraucher als Kunden des Holzhandels wurde häufig eine organisatorische und räumliche Trennung von Groß- und Einzelhandelsaktivitäten vorgenommen. Das geschah in der Regel durch Errichtung spezieller Einzelhandelsgeschäfte (Bau-, Heimwerker-, Do-it-yourself-Märkte). Teilweise allerdings blieb die Einzelhandelstätigkeit in das traditionelle Holzhandelsgeschäft integriert.

Eine erhebliche Intensivierung hat in den zurückliegenden Jahren die Lagerfunktion erfahren. Ein Indikator hierfür ist u. a. der kräftige Anstieg der Lagerquote in den vergangenen Jahren, die sich seit 1972 kontinuierlich vergrößert hat. Es ist allerdings nicht geplant, die Lagerhaltung künftig noch weiter auszubauen. Erhebungsergebnissen des Ifo-Instituts zufolge deuten die lagerpolitischen Konzeptionen der Unternehmen eher auf eine Einschränkung der Lagerhaltung in den kommenden Jahren hin.

Der Holzhandel befindet sich inmitten eines strukturellen und funktionellen Anpassungsprozesses an die gewandelten Markt- und Absatzbedingungen, wie sie insbesondere auf dem Bausektor zu beobachten sind. Das traditionelle Geschäft dürfte allgemein weiter an Bedeutung verlieren, die Abdeckung individueller Bedarfe wird an Relevanz gewinnen. Dies gilt für den Nachfragekomplex „Altbau“ ebenso wie für den Absatz an das holzverarbeitende Handwerk und die privaten Nachfrager.

b) Struktur und strukturelle Entwicklung

Der Unternehmensbestand im Holzgroßhandel reduzierte sich im Zeitraum 1968/1976 um 219 auf 3473 Firmen. Der Ausleseprozeß war damit in den vergangenen Jahren in diesem Bereich weit weniger stark ausgeprägt als im Großhandelsdurchschnitt. Innerhalb des Gesamtbereichs verlief die Entwicklung nach Sparten allerdings stark unterschiedlich. Bei Rund-, Gruben- und Faserholz kam es zu einer erheblichen Firmenauslese. Die Selektion hat sich im Zeitraum 1968/1976 sogar kontinuierlich verstärkt. Der Firmenbestand ist in dieser Zeitspanne um ein Viertel auf rd. 1250 gesunken. Dieser Rückgang ist jedoch nicht ausschließlich auf ein tatsächliches Ausscheiden aus dem Markt zurückzuführen. Ein Teil der Abgänge dürfte statistisch bedingt sein, d. h. es erfolgte eine Verlagerung der Hauptaktivitäten und damit ein Überwechseln in eine andere Holzhandelsbranche. Bei Schnittholz wie auch bei Holzhalbwaren hat die Zahl der Unternehmen tendenziell zugenommen. Die ganz überwiegende Zahl der Unternehmen sind selbständige, ungebundene Firmen.

Der Kooperationsgrad der Branche ist gering. Nach Ermittlungen des Ifo-Instituts sind weniger als 3 % der Unternehmen einer Kooperationsgemeinschaft[31] angeschlossen. Offensichtlich werden die Kosten- und Leistungsvorteile einer zwischenbetrieblichen Zusammenarbeit aufgrund der spezifischen Gegebenheiten der Branche als gering eingeschätzt. Auf der Einkaufsseite sind die zu erzielenden Mengenvorteile insbesondere bei Schnittholz aufgrund der kleinbetrieblichen Struktur der Sägewerke in der Tat nur gering. Der Holzhandel ist gezwungen, seinen Holzbedarf bei einer Vielzahl von holzbearbeitenden Betrieben zu decken. Dazu kommt, daß speziell bei Holz die hohe Frachtempfindlichkeit und die hohen Frachtkosten, die eine wesentliche Komponente der Einstandspreise darstellen, die Bedeutung des Mengenrabattes relativieren. Anders als in den meisten übrigen Branchen fehlt damit im Holzhandel die wichtigste Triebfeder zu einem kooperativen Zusammenschluß.

Rund ein Sechstel der Holzhandelsunternehmen unterhält langfristige Vertragsvertriebsvereinbarungen mit Abnehmern aus dem Bereich des

[31] Unter Kooperationsgemeinschaft sind hier auch nicht-institutionalisierte, lose Formen der zwischenbetrieblichen Zusammenarbeit zu verstehen.

holzverarbeitenden Handwerks und der holzverarbeitenden Industrie. Während also die Kundenbeziehungen teilweise vertraglich geregelt sind, bestehen solche Vereinbarungen mit den Lieferanten des Holzhandels nur in sehr geringem Umfang. Als Vertragshändler im eigentlichen Sinne fungieren Holzhandelsunternehmen offensichtlich nur beim Vertrieb von Fertigteilelementen. Der Umsatzanteil der im Rahmen vertraglicher Kundenbeziehungen abgesetzten Erzeugnisse beläuft sich bei den Unternehmen, die solche Vereinbarungen getroffen haben, auf rd. zwei Fünftel; bezogen auf den Gesamtabsatz der Branche sind dies jedoch nur etwa 6 bis 7 %. Noch vor wenigen Jahren spielten derartige Vertragsumsätze eine noch geringere Rolle. Aus den Ifo-Erhebungsergebnissen gewinnt man jedoch den Eindruck, daß die Bedeutung des Vertragsvertriebs auch im Holzhandel ganz allgemein im Steigen begriffen ist. Dies gilt sowohl bezüglich der Bindung von Kunden an den Großhandel als auch hinsichtlich der Einbettung des Großhandels in ein Vertragshändlersystem mit Lieferanten des Großhandels.

Die Zahl der Arbeitsstätten liegt im Holzgroßhandel um knapp ein Zehntel über der der Unternehmen. Das bedeutet, daß im Durchschnitt nur etwa jedes zehnte Unternehmen eine Filiale betreibt. Außerordentlich gering ist der Filialisierungsgrad im Großhandel mit Rund-, Gruben- und Faserholz, während er in der Sparte Holzhalbwaren und Kunststoffplatten weit über dem Branchendurchschnitt liegt. In den zurückliegenden Jahren ist die Zahl der Niederlassungen je Unternehmen leicht gestiegen. Dies ist insbesondere auf den verstärkten Ausbau der Einzelhandelsaktivitäten, der häufig mit der Errichtung eigener Betriebsstätten verbunden war, zurückzuführen. Der Holzhandel ist traditionell auch in anderen Geschäftsbereichen außerhalb des angestammten Holzgeschäftes tätig. Häufig findet sich die Kombination mit einem Sägewerk oder einem sonstigen Holzbearbeitungsbetrieb. Teilweise sind auch Baustoffaktivitäten in den Geschäftsbetrieb integriert. Am häufigsten ist jedoch die Verbindung mit Aktivitäten im Heimwerker- und Hobbybedarfssektor anzutreffen. Bereits zwei Fünftel der Unternehmen pflegen diesen Angebotsbereich, wobei auffällt, daß kleinere und mittelgroße Firmen in verstärktem Maße auf diesen Geschäftszweig setzen. Hier sind es etwa sieben Zehntel der Unternehmen, während Großfirmen nur zu rd. einem Drittel auch private Kunden beliefern. Das Privatgeschäft ist bislang allerdings häufiger als etwa im Baustoffhandel räumlich und organisatorisch in den herkömmlichen Geschäftsbetrieb integriert. Der Grund hierfür mag u. a. darin liegen, daß sich das Verkaufssortiment im Holzhandel nach Abnehmergruppen kaum unterscheidet, wogegen im Baustoffhandel die Bedarfe gewerblicher und privater Kunden stark voneinander abweichen. Auch sind die produktspezifischen Erfordernisse hinsichtlich Sortimentsumfang sowie Beratung über Auswahl und Anwendungstechniken bei Baustoffen erheblich differenzierter, so daß hier eine Integration von Groß- und Einzelhandel nur in beschränktem Umfang möglich ist. Eine räumliche Ausgliederung der Einzelhandelsaktivitäten erfolgt in der Regel dann, wenn diese nicht allein auf das Holzsortiment, sondern auf den gesamten Heimwerkerbedarf „Haus und Wohnung" ausgerichtet sind.

Der überwiegende Teil der Unternehmen — knapp zwei Drittel — ist ausschließlich im Binnengroßhandel tätig. Gut drei Zehntel — hierbei handelt es sich nicht nur um große Firmen — arbeiten gleichzeitig als Import/Exporthändler. Die Einfuhraktivitäten beschränken sich jedoch ganz überwiegend auf die Deckung des eigenen Bedarfs. Als Importeure auf der Zentralgroßhandelsstufe, deren Schwergewicht bei der Belieferung von Großhandelskunden liegt, betätigen sich nur sehr wenige Unternehmen.

Das Wachstum der Umsätze des Holzhandels war deutlich stärker als das des gesamten Großhandels. Der wertmäßige Zuwachs von 1968 auf 1976 belief sich auf 147 %, der reale auf 52 %. Die Mengenexpansion lag merklich über dem Produktionsplus in wichtigen Abnehmerbereichen, wie etwa der Bauwirtschaft und der holzverarbeitenden Industrie.

Spürbar hinter dem durchschnittlichen Wachstum zurück blieb der Großhandel mit Rund-, Gruben- und Faserholz. Mit 61 % betrug hier der nominale Umsatzzuwachs im Zeitraum 1968/1976 nur etwa ein Viertel desjenigen im Schnittholzhandel (+ 259 %). Die realen Zunahmen beliefen sich auf 1 % bzw. 111 %. Ein hohes mengenmäßiges Plus erzielte auch der Großhandel mit Holzhalbwaren (nominal + 104, real + 32 %). Dies ist die einzige Sparte, in der die Beschäftigtenzahl 1976 mit 8800 Personen höher lag als 1968. Hier war insbesondere der Personalabbau in der konjunkturellen Abschwungphase 1974/1975 weit geringer als bei Roh- sowie Schnittholz. Der Beschäftigtenanteil am gesamten Holzhandel insgesamt ist auf ein Drittel gestiegen und liegt nunmehr merklich über dem Umsatzanteil (rd. einFünftel). Umgekehrt ist das Verhältnis bei Rund-, Gruben- und Faserholz. Mit 5100 Personen ist in dieser Sparte nur ein Fünftel aller Beschäftigten des Holzhandels tätig; der Umsatzanteil hingegen stellt sich auf ein Viertel. Auf den Schnittholzhandel entfallen 12 400 oder 47 % der Beschäftigten (Umsatzanteil: 55 %).

Ein Drittel der Holzumsätze auf der Großhandelsstufe wird in Nordrhein-Westfalen getätigt, ein Sechstel in Bayern und jeweils rd. ein Zehntel in Baden-Württemberg und Niedersachsen. Von diesem Gesamtbild teilweise stark abweichend ist die regionale Verteilung der Sparten-Umsätze. So besitzt der Großhandel mit Rund-, Gruben- und

Faserholz in Bayern aufgrund der natürlichen Gegebenheiten relativ großes Gewicht, während der Schnittholzhandel hier vergleichsweise schwach vertreten ist.

Tabelle 40

Regionale Verteilung von Unternehmen und Umsätzen[a] im Großhandel mit Holz
nach Bundesländern im Jahre 1974

Bundesland	Unternehmen		Umsatz	
	Anzahl	%	1000 DM	%
Schleswig-Holstein	123	3,6	304 098	4,2
Hamburg	150	4,4	487 904	6,7
Niedersachsen	353	10,2	719 402	9,9
Bremen	57	1,7	386 830	5,3
Nordrhein-Westfalen	1 063	30,8	2 344 291	32,3
Hessen	244	7,1	463 156	6,4
Rheinland-Pfalz	162	4,7	314 676	4,3
Baden-Württemberg	469	13,6	860 105	11,9
Bayern	701	20,3	1 134 140	15,7
Saarland	54	1,6	106 208	1,5
Berlin	70	2,0	127 546	1,8
Bundesgebiet insgesamt	3 446	100	7 248 356	100

a) Ohne Mehrwertsteuer.
Quelle: Statistisches Bundesamt, Umsatzsteuerstatistik.

c) *Betriebswirtschaftliche Situation*

Die Erträge im Holzgroßhandel sind seit etwa 1972 unter starken Druck geraten. Bis dahin war es möglich gewesen, die Kostenexpansion durch entsprechende Spannenausweitungen weitgehend aufzufangen. Der Anteil der Gesamtkosten am Umsatz erhöhte sich im Zeitraum 1964/1972 um zwei, die Kalkulationsspanne um 1,8 Prozentpunkte. Der steuerliche Gewinn betrug in diesem Zeitraum reichlich 4 %. Dies ist eine

Tabelle 41: **Handelsspannen, Kosten und steuerliches Betriebsergebnis im Holzgroßhandel**
nach Unternehmensgrößenklassen in % des Umsatzes

Unternehmensgrößenklasse (Jahresumsatz in DM)	Handelsspanne			Kosten[a)]			Steuerliches Betriebsergebnis		
	1964	1968	1972	1964	1968	1972	1964	1968	1972
100 000 bis unter 500 000	23,7	26,0	—	17,2	19,0	—	6,5	7,0	—
500 000 bis unter 1 Mill.	23,7	24,8	24,4	17,9	19,0	18,9	5,8	5,8	5,5
1 Mill. bis unter 2 Mill.	22,1	22,9	24,5	17,1	17,7	19,6	5,0	5,2	4,9
2 Mill. bis unter 5 Mill.	21,9	22,0	23,5	16,5	16,8	19,2	5,4	5,2	4,3
5 Mill. bis unter 50 Mill.[b)]	19,0	19,4	20,1	14,4	16,0	15,9	4,6	3,4	4,2
Insgesamt[c)]	21,4	21,8	21,9	16,2	17,1	17,4	5,2	4,7	4,5

— Nicht erfaßt. — a) Ohne Unternehmerlohn und Zinsen für Eigenkapital. — b) 1964 bis unter 25 Mill. DM Jahresumsatz. — c) Zusammengewichtung auf der Basis der Umsatzsteuerstatistik.

Quelle: Statistisches Bundesamt, Kostenstrukturstatistik.

Tabelle 42: **Unternehmen und Umsätze im Großhandel mit Rund-, Gruben- und Faserholz**
nach Unternehmensgrößenklassen

Unternehmensgrößenklasse (Jahresumsatz in DM)	1968			1972			1974			1976		
	Unternehmen	Umsatz		Unternehmen	Umsatz		Unternehmen	Umsatz		Unternehmen	Umsatz	
		1000 DM	%		1000 DM	%		1000 DM	%		1000 DM	%
bis unter 500 000	1 118	174 455	11,2	831	141 882	6,3	619	112 162	4,7	602	104 513	4,2
500 000 bis unter 1 Mill.	230	167 161	10,7	200	143 025	6,3	207	151 804	6,4	229	169 122	6,7
1 Mill. bis unter 2 Mill.	153	205 173	13,1	172	244 431	10,9	171	246 060	10,3	164	237 598	9,5
2 Mill. bis unter 5 Mill.	96	289 762	18,6	147	434 443	19,3	163	489 307	20,4	162	514 201	20,5
5 Mill. bis unter 10 Mill.	29	200 952	12,9	48	326 207	14,5	60	424 643	17,7	54	370 167	14,7
10 Mill. bis unter 25 Mill.	16	216 441	13,9	28	445 494	19,8	26	383 906	16,0	34	526 996	21,0
25 Mill. und mehr	5	305 883	19,6	10	516 042	22,9	12	586 471	24,5	10	587 596	23,4
Insgesamt	1 647	1 559 827	100	1 436	2 251 524	100	1 258	2 394 344	100	1 255	2 510 193	100

Quelle: **Statistisches Bundesamt, Umsatzsteuerstatistik.**

Tabelle 43: Unternehmen und Umsätze im Großhandel mit Schnittholz, Holzhalbwaren und Kunststoffplatten
nach Unternehmensgrößenklassen

Unternehmens-größenklasse (Jahresumsatz in DM)	1968			1972			1974			1976		
	Unter-nehmen	Umsatz		Unter-nehmen	Umsatz		Unter-nehmen	Umsatz		Unter-nehmen	Umsatz	
		1000 DM	%		1000 DM	%		1000 DM	%		1000 DM	%
bis unter 500 000	1 016	183 384	7,1	833	154 548	3,5	881	168 602	3,5	779	151 806	2,0
500 000 bis unter 1 Mill.	364	261 686	10,0	293	211 129	4,9	322	233 767	4,8	319	237 368	3,0
1 Mill. bis unter 2 Mill.	326	469 515	18,0	369	534 233	12,2	374	538 207	11,1	380	545 284	7,0
2 Mill. bis unter 5 Mill.	241	747 573	28,7	345	1 082 835	24,8	389	1 239 971	25,6	448	1 411 749	18,2
5 Mill. bis unter 10 Mill.	68	461 614	17,7	133	893 286	20,5	144	967 920	19,9	188	1 301 170	16,7
10 Mill. bis unter 25 Mill.	27	377 541	14,5	53	774 014	17,7	61	913 380	18,8	80	1 149 170	14,8
25 Mill. und mehr	3	104 625	4,0	16	715 115	16,4	17	792 165	16,3	24	2 977 369	38,3
Insgesamt	2 045	2 605 938	100	2 042	4 365 160	100	2 188	4 854 012	100	2 218	7 774 413	100

Quelle: Statistisches Bundesamt, Umsatzsteuerstatistik.

Quote, mit der der Holzhandel erheblich über dem Durchschnitt des gesamten Großhandels lag. In der Folgezeit nahm der Kostendruck insgesamt spürbar zu. Die Kostenspanne, die 1972 noch 16,7 % betragen hatte, ist bis 1975 auf über ein Fünftel gestiegen. Diese rasche Zunahme ist einmal auf das Anhalten der Kostenexpansion, aber auch auf die in den Jahren 1974/1975 schwache Umsatzentwicklung zurückzuführen.

Es ist dem Holzhandel nicht mehr gelungen, die Kalkulation der zunehmenden Kostenbelastung anzupassen, so daß die Gewinnmargen stark gedrückt wurden. Das betriebswirtschaftliche Betriebsergebnis ist in diesem Zeitraum vermutlich sogar ins Minus geraten. 1976, in einem Jahr, in dem die Umsätze kräftig gestiegen sind, dürfte jedoch wieder eine erhebliche Verbesserung eingetreten sein.

Trotz der teilweise unbefriedigenden Ertragssituation hat der Holzhandel in den vergangenen Jahren in beachtlichem Umfang Kapazitätserweiterungs- sowie Modernisierungs- und Rationalisierungsmaßnahmen vorgenommen. Hierüber liegen Ifo-Erhebungsergebnisse speziell für den Lagerbereich vor, denen sicherlich Indikatorencharakter für den Gesamtbetrieb zukommt. Das Ausmaß der Kapazitätserweiterung lag im Holzgroßhandel erheblich über dem Großhandelsdurchschnitt. Das gilt gleichermaßen für den Umfang organisatorischer Verbesserungen der Betriebsabläufe durch bauliche und technische Modernisierungsmaßnahmen. Auch für die kommenden Jahre sind Rationalisierungsvorhaben in erheblichem Umfange geplant.

d) Unternehmens- und Umsatzkonzentration

Der allgemeine Trend der Verlagerung eines zunehmenden Teils der Unternehmen, insbesondere aber der Umsätze auf die höheren Umsatzgrößenklassen ist auch im Holzhandel festzustellen. Er war hier allerdings lange Zeit spürbar schwächer ausgeprägt als im Großhandelsdurchschnitt. So hat sich in der Sparte Rund-, Gruben- und Faserholz der Marktanteil der Firmen mit mehr als 10 Mill. DM Jahresumsatz im Zeitraum 1968/1974 um nur sieben Prozentpunkte auf zwei Fünftel vergrößert. Der Grad der Umsatzkonzentration war damit — gemessen am gesamten Großhandel, wo dieser Firmenkreis mehr als sieben Zehntel der Umsätze auf sich vereinigte — immer noch relativ gering. Das galt auch für den Durchschnitt der beiden Sparten Schnittholz sowie Holzhalbwaren und Kunststoffplatten. Hier entfiel 1974 auf Unternehmen mit Jahresumsätzen von über 10 Mill. DM ein Umsatzanteil von reichlich einem Drittel gegenüber knapp drei Zehnteln im Jahre 1968. Der skizzierte Anteilszuwachs wurde durch das allgemeine Umsatzwachstum und das dadurch bedingte Hineinwachsen mittelgroßer Unternehmen in die oberen Umsatzgrößenklassen begünstigt. Im Durchschnitt des gesamten Holzhandels — die Abweichungen nach Sparten sind nur gering — ist der Marktanteil der großen Unternehmen (10 Mill. DM Jahresumsatz und mehr) zwischen 1968 und 1974 um rd. die Hälfte auf 37 % angestiegen (zum Vergleich Großhandel insgesamt: von 59,2 auf 70,6 %).

Nach 1974 hat sich der Konzentrationsprozeß im Holzhandel jedoch deutlich verstärkt. Er ist höher, als in den verfügbaren Daten zum Ausdruck kommt, da insbesondere die konzernabhängigen Unternehmen sowie große Handelsunternehmen, die — auch wenn ihr Hauptbetätigungsfeld außerhalb des Holzhandels liegt — mit ihren beachtlichen Holzumsätzen zu den Großunternehmen im Holzsektor gezählt werden müssen. Der Marktanteil der Großunternehmen würde sich unter Einbeziehung dieser Umsätze im Durchschnitt des gesamten Holzhandels auf etwa die Hälfte belaufen. Gemessen an den Spartenumsätzen in einzelnen regionalen Räumen liegt er noch weit höher.

3. Wettbewerbssituation und -entwicklung

a) Entwicklung und Niveau der Wettbewerbsintensität

Auch im Holzhandel hat sich trotz einer nach wie vor weitgehend atomistischen Marktstruktur der Wettbewerb in den letzten Jahren merklich verstärkt. Neun Zehntel der Unternehmen geben diese Wertung ab. Überwiegend spricht man dabei von einer erheblichen Intensivierung des Wettbewerbs. Knapp ein Zehntel der Holzhandelsunternehmen ist der Meinung, daß die Wettbewerbsintensität weitgehend gleich geblieben sei. Nur vereinzelt ist es zu einer Reduzierung des Wettbewerbsgrades gekommen.

Die Intensivierung bekamen die mittleren und größeren Unternehmen in stärkerem Ausmaß zu spüren als die Kleinunternehmen. Insgesamt gesehen blieben nur Betriebe, die über ein sortimentsmäßig umfassendes und gleichzeitig spezialisiertes Angebot verfügten, sowie Unternehmen, die in Marktferne der Agglomerationsräume ihre Standorte haben, von Wettbewerbsveränderungen weitgehend unberührt. Auch wenn die Unterschiede nur gradueller Art sind, läßt sich doch feststellen, daß die traditionellen Holzhändler in stärkerem Maße von wettbewerblichen Veränderungen tangiert wurden als die konzern- und industriegebundenen Betriebe.

Der Intensitätsgrad des Wettbewerbs befindet sich, trotz aller Verstärkungstendenzen, weiterhin auf einem vergleichsweise gemäßigten Niveau, d. h. es sind in geringerem Umfang als in anderen Branchen Überhitzungserscheinungen festzustellen. Gut die Hälfte der Firmen beurteilt die Intensität des Wettbewerbs als hoch, knapp ein Drittel als sehr hoch. Im übrigen spricht man von einem mittleren Wettbewerbsgrad. Die größeren Unternehmen sehen sich dabei einem rauheren Wettbewerbsklima ausgesetzt als die kleinen Unternehmen. Dies ist in erster Linie auf ihre größere Marktbreite und damit größere Zahl von Konkurrenzbeziehungen, die durch das Auftreten neuer Einzelhandels-Angebotsformen noch erweitert wurden, zurückzuführen. Die größenspezifischen Unterschiede schlagen auch in den Betriebsformenurteilen durch. Werkshandels- oder Vertriebsgesellschaften sowie Konzerntöchter schätzen die Wettbewerbsintensität höher ein als die Gesamtheit der selbständigen Holzhändler (vgl. Anhangtabellen A 32 und A 33).

Tabelle 44

Entwicklung der Wettbewerbsintensität im Holzhandel im Urteil der Unternehmen
nach Unternehmensgrößenklassen

Unternehmens-größenklasse (Jahresumsatz in Mill. DM)	Nach Meinung von ... % der Unternehmen ist der Wettbewerb in den letzten Jahren			
	erheblich intensiver geworden	etwas intensiver geworden	gleich geblieben	schwächer geworden
unter 1	45	37	16	2
1 bis unter 2	54	32	13	1
2 bis unter 4	64	26	9	1
4 bis unter 10	71	25	4	—
10 bis unter 20	65	20	15	—
20 und mehr	46	45	9	—
Insgesamt	62	28	9	1

Quelle: Erhebungen des Ifo-Instituts im Jahre 1977.

Nach Bundesländern bzw. größeren regionalen Räumen zeigen sich nur leichte Abweichungen im Firmenurteil über die Wettbewerbsintensität. Überdurchschnittlich stark wird der Wettbewerbsgrad in Bayern sowie im Gebiet Nordrhein empfunden.

Ein entscheidender Faktor für die Veränderungen in der Wettbewerbsintensität waren offensichtlich strukturelle Umschichtungen in den Markträumen. Rund 14 % der Unternehmen — darunter häufig

Firmen aus dem Konzern- und dem kooperierten Bereich — nahmen in den letzten Jahren unternehmerisch-organisatorische bzw. kapitalmäßige Umschichtungen vor, über ein Viertel der Unternehmen hatte im engeren Marktraum entsprechende Umschichtungen und Veränderungen der Wettbewerberstruktur zu verzeichnen. Im Schwergewicht handelt es sich dabei um Firmenaufkäufe und Fusionen sowie um Konkurse oder Unternehmensaufgaben. In allen Regionen bzw. Bundesländern stehen VEBA-Unternehmen in der Aufzählung der Unternehmensaufkäufer an der Spitze (Raab Karcher, Stinnes, Rhein-Ruhr-Holz, E. Warm, E. Hack, Vereinigte Holzhandelsgesellschaften, Saarbergbau). In Westdeutschland, insbesondere in der Region Nordrhein, erfolgten daneben offensichtlich auch Firmenaufkäufe durch den Klöckner-Konzern. Das Ausmaß derartiger Marktumstrukturierungen scheint in den Gebieten Nordrhein, Westfalen sowie Bayern am stärksten gewesen zu sein.

Umstrukturierungsmaßnahmen der Unternehmen des mittelständischen Bereichs erstreckten sich in erster Linie auf den Eintritt in einen Kooperationsverbund, überwiegend in Form von Informations- und Beratungsgemeinschaften, daneben aber auch von Einkaufs- und Absatzringen. Teilweise erfolgte ein Einstieg in Franchisesysteme des Heim-

Tabelle 45

Intensität des Wettbewerbs im Holzhandel im Urteil der Unternehmen
nach Unternehmensgrößenklassen

Unternehmens-größenklasse (Jahresumsatz in Mill. DM)	... % der Unternehmen beurteilen die Intensität des Wettbewerbs derzeit als			
	sehr hoch	hoch	mittel	schwach
unter 1	17	56	25	2
1 bis unter 2	22	53	25	—
2 bis unter 4	26	58	16	—
4 bis unter 10	40	52	8	—
10 bis unter 20	33	46	21	—
20 und mehr	38	54	8	—
Insgesamt	31	53	16	—

Quelle: Erhebungen des Ifo-Instituts im Jahre 1977.

werkerbereichs. Dieses endverbraucher-orientierte Sortiment wurde im Zuge der Angebotstypendiversifizierung in Form von Baumärkten zunehmend in die Angebotsprogramme des Holzhandels integriert. Auch Firmenübernahmen und Beteiligungen an Firmen erfolgten im Bereich mittelständischer, traditioneller Holzhandelsunternehmen, allerdings nur in vergleichsweise geringerem Umfang.

b) Entwicklung und Qualität der Wettbewerbsposition der Unternehmen

Die Wettbewerbsposition der Unternehmen hat in den letzten Jahren auch im Holzhandel in weiten Bereichen eine erhebliche Veränderung erfahren. Rund ein Fünftel der Firmen hatte eine Positionsverschlechterung zu verzeichnen, ein mehr als doppelt so großer Anteil dagegen eine Positionsverbesserung. Im Durchschnitt wurde von der Verbesserung der Wettbewerbsposition von zwei Unternehmen ein anderes Unternehmen negativ tangiert. Dieser Relationskoeffizient (+ 2,2), also das zwischen Positionsverbesserung und Positionsverschlechterung von Unternehmen bestehende Verhältnis, unterstreicht, daß der Wettbewerbsdruck und Konkurrenzkampf bei weitem nicht so stark ausgeprägt waren wie in den anderen untersuchten Großhandelsbranchen.

Eine Verschlechterung ihrer Wettbewerbsposition hatten — trotz einer vergleichsweise schwächeren Wettbewerbsintensivierung — in erster Linie kleine und mittlere Unternehmen hinzunehmen, mit ein Indiz für die konstitutive Wettbewerbsunterlegenheit dieser Firmen. Obgleich man auch bei den größeren Unternehmen (über 10 Mill. DM Jahresumsatz) noch teilweise entsprechende Urteile abgab, konnten diese insgesamt auf weit überdurchschnittlicher Breite eine konstitutionelle Verbesserung verzeichnen. Sie bezeichnen ihre derzeitige Wettbewerbsposition ausschließlich als befriedigend bis sehr gut. Meldungen über eine schlechte Wettbewerbslage kamen nur aus dem Größenbereich unter 10 Mill. DM Jahresumsatz; der akute Unternehmensgefährdungsbereich konzentriert sich weitgehend auf die Größenklassen unter 4 Mill. DM Jahresumsatz. Der Bereich der Existenzgefährdung ist aber sowohl absolut als insbesondere in Relation zu anderen untersuchten Märkten als schmal zu bezeichnen. Von den 7 % der Unternehmen, die ihre Wettbewerbsposition als schlecht bezeichnen, dürfte weniger als 1 % in einer existenzbedrohlichen Verfassung sein. Im Durchschnitt bewertet über die Hälfte der Unternehmen die Wettbewerbslage als befriedigend, rd. zwei Fünftel als gut oder sehr gut.

Bei den Konzernunternehmen sowie den Werkshandels- oder Vertriebsgesellschaften trat in den letzten Jahren teilweise noch eine Verbesserung der Wettbewerbslage ein; sie präsentiert sich in dieser Gruppe als befriedigend bis gut. Im traditionellen selbständigen Holzhandel erfolgten sowohl bei kooperierten als auch ungebundenen Unternehmen Positionsverschlechterungen. Eine akute Existenzgefährdung liegt aber nur bei einem kleinen Teil der ungebundenen Großhändler vor (vgl. Anhangtabelle A 34 und A 35).

In Bayern sowie in der Region Nordrhein hat sich die Wettbewerbsposition der Unternehmen auf relativ breiterer Front verschlechtert[32]; insbesondere in Bayern dürfte sich ein überdurchschnittlich hoher Anteil von Unternehmen im Bereich der Existenzgefährdung befinden. Als weitgehend ausgewogen und konsolidiert wird die Wettbewerbsposition trotz einer auch in diesen Regionen hohen und gesteigerten Wettbewerbsintensität in Bremen, daneben in Hessen und Rheinhessen empfunden. In stark außenhandelsorientierten Regionalbereichen wie Bremen sind die Sortiments- und Leistungsprofile der Unternehmen der-

Tabelle 46

Entwicklung der Wettbewerbsposition im Holzhandel im Urteil der Unternehmen
nach Unternehmensgrößenklassen

Unternehmensgrößenklasse (Jahresumsatz in Mill. DM)	Bei ....% der Unternehmen hat sich die Wettbewerbsposition in den letzten Jahren				
	erheblich verbessert	etwas verbessert	nicht nennenswert verändert	etwas verschlechtert	erheblich verschlechtert
unter 1	3	25	43	24	5
1 bis unter 2	5	30	39	19	7
2 bis unter 4	10	34	36	17	3
4 bis unter 10	10	34	34	18	4
10 bis unter 20	28	27	27	18	—
20 und mehr	8	56	27	9	—
Insgesamt	11	34	35	17	3

Quelle: Erhebungen des Ifo-Instituts im Jahre 1977.

[32] Die regionale Gliederung erfolgte nach der regionalen Organisation der Verbände des Holzhandels.

art spezifiziert, daß neu in den Markt drängende Wettbewerber kaum eine Positionsbeeinträchtigung herbeiführen können.

Tabelle 47

Wettbewerbsposition im Holzhandel im Urteil der Unternehmen
nach Unternehmensgrößenklassen

Unternehmensgrößenklasse (Jahresumsatz in Mill. DM)	........% der Unternehmen beurteilen ihre derzeitige Wettbewerbsposition als				
	sehr gut	gut	befriedigend	schlecht	sehr schlecht
unter 1	—	15	69	14	2
1 bis unter 2	2	25	65	5	3
2 bis unter 4	6	30	56	7	1
4 bis unter 10	—	36	54	10	—
10 bis unter 20	12	43	45	—	—
20 und mehr	4	60	36	—	—
Insgesamt	4	35	54	6	1

Quelle: Erhebungen des Ifo-Instituts im Jahre 1977.

c) Wettbewerbskonstellation nach Unternehmensgruppen

Marktstruktur- wie auch leistungsbedingt stellt die Gruppe der selbständigen Großhandelsunternehmen im Holzhandel nicht nur unter dem Gesichtspunkt des Marktvolumens, sondern auch unter dem der Wettbewerbsstärke, nach wie vor die dominante Gruppe im Markt dar. Nahezu 70 % der Unternehmen bezeichnen auf ihren jeweiligen Wettbewerbsraum bezogen traditionelle Holzhandelsfirmen als ihre stärksten unmittelbaren Konkurrenten. Ein erheblich zunehmendes und gemessen an ihrem Marktvolumen überdurchschnittlich großes Gewicht wird den Konzernunternehmen sowie den SB-Großmärkten und Heimwerkermärkten zuerkannt. Während die SB-Märkte insbesondere für die kleinen und mittleren Unternehmen zur gewichtigen Konkurrenz heranwuchsen, empfindet man die Wettbewerbsstärke der Konzerntöchter besonders stark in den mittleren sowie oberen Unternehmensgrößen. Auch der Baustoffhandel ist durch Sortimentsausweitung, Angebot von Verbund-Problemlösungen im Bau- und Ausbaubereich sowie teilweise auch im Wege der Diversifizierung in den Holzhandelsbereich vorgedrungen und hat damit zur Differenzierung der Wettbewerbsstrukturen beigetragen. Insgesamt blieb sein Wettbewerbsgewicht aber untergeordnet. Sägewerke stellen nur für einen schmalen Sortiments- und Leistungsbereich des Holzhandels Konkurrenten dar. Soweit sie stärkeres Wettbewerbsgewicht haben, handelt es sich um Betriebe in ländlichen Zonen sowie relativ begrenzten Wettbewerbsräumen mit einer kleinbetrieblichen Struktur.

Der Wettbewerb zwischen den Konzernunternehmen selbst spielt offensichtlich nur eine untergeordnete Rolle. In erster Linie sehen Unternehmen dieser Gruppe ihre stärksten Konkurrenten im Bereich der traditionellen Handelsunternehmen. Auch die Holzgroßhändler schätzen Unternehmen ihrer eigenen Gruppe als stärkste Konkurrenten ein, doch wird insbesondere im kooperierten Bereich auf die wachsende Konkurrenz der Konzernbetriebe hingewiesen, die nicht nur aus ihrer im Wege des Firmenaufkaufs zunehmenden Marktpräsenz resultiert, sondern auch aus ihren als aggressiv empfundenen Wettbewerbsverhaltensweisen (vgl. Anhangtabellen A 36 und A 37).

Daß gerade das zunehmende Vordringen der Konzernunternehmen sowie der Einzelhandelsangebotsformen im Hobby- und Heimwerkerbereich zu einer Veränderung der Markt- und Wettbewerbsstrukturen beitrug und teilweise zu einer Verschlechterung der Wettbewerbsposition bei Unternehmen aller Größenklassen führte, wird durch die Erhebungsergebnisse belegt. Je weniger stark ausgeprägt das Wettbewerbsgewicht von Konzernunternehmen sowie Heimwerkermärkten in einem Wettbewerbsraum ist, um so günstiger fällt das Urteil der Firmen über die Entwicklung der Wettbewerbsposition aus. In der Gruppe der Unternehmen, die eine erhebliche Verschlechterung ihrer Wettbewerbslage hinnehmen mußten, werden Konzernunternehmen als stärkste unmittelbare Konkurrenz bezeichnet. Neben der Unternehmensgröße ist für die starke wettbewerbliche Ausstrahlung und Wirkung dieser Unternehmen im Holzhandel vor allem ihre innovative Komponente ausschlaggebend. Die Werbe- und Akquisitionsintensität, die gezielte Segmentierung der Abnehmerschaft und deren entsprechende Umsetzung in der Sortiments- und Angebotstypenpolitik sowie die Bildung von Angebotsprogrammen, die über den traditionellen Sortimentsbereich des Holzhandels hinausreichen, sind ihre wesentlichen Ausdrucksformen.

Das Strukturbild der Wettbewerbsbeziehungen differiert nicht nur nach engen Wettbewerbsmärkten, sondern auch nach regionalen Räumen. So wird das Markt- und Wettbewerbsgeschehen in Bremen eindeutig von den Beziehungen innerhalb und zwischen den Bereichen der

Tabelle 48

Konkurrenzkonstellation und Veränderung der Wettbewerbsposition im Holzhandel im Urteil der Unternehmen

Entwicklung der Wettbewerbsposition	Von ....% der Unternehmen[a)] werden als stärkste unmittelbare Konkurrenten angesehen				
	Großhandelsunternehmen des Holzbereichs	Selbständige Großhandelsunternehmen des Baustoffbereichs	Sägewerke	Tochtergesellschaften von Konzernunternehmen	Neue SB-Großmärkte, Hobby-/Heimwerkermärkte
erheblich verbessert	67	26	13	25	27
etwas verbessert	67	23	9	30	35
nicht verändert	79	17	7	22	41
etwas verschlechtert	55	20	10	50	46
erheblich verschlechtert	61	22	13	67	59
Insgesamt	68	21	9	31	38

a) Mehrfachmeldungen waren möglich.
Quelle: Erhebungen des Ifo-Instituts im Jahre 1977.

traditionellen Holzhandelsunternehmen sowie der Konzernunternehmen bestimmt. Andere Anbietergruppen haben praktisch kein Gewicht. Die Wettbewerbsbedeutung der Konzernunternehmen liegt hier weit über dem Bundesdurchschnitt. In Hessen und Niedersachsen dagegen haben Konzernunternehmen den Firmenmeldungen nach weiterhin nur ein nachrangiges Wettbewerbsgewicht. Dem Baustoffhandel kommt als Konkurrenz des Holzhandels in Rheinhessen und Hessen besondere Bedeutung zu, die teilweise über der der Konzernunternehmen liegt. Die Einzelhandelsangebotsformen haben sich praktisch in allen Regionalräumen der Bundesrepublik mit Ausnahme von Bremen zu beachtlichen Konkurrenten der dort ansässigen traditionellen Holzhandelsunternehmen entwickelt.

Insgesamt ist die Wettbewerbsstruktur und damit auch der Wettbewerb im Baustoffhandel somit weiterhin im Schwergewicht durch polypolistische Charakteristika bestimmt, wenngleich nicht zu verkennen ist, daß sie durch das Vordringen der Konzentrationsformen des Groß- und Einzelhandelsbereichs zunehmend auch von teiloligopolistischen Zügen geprägt wird.

d) Einsatz der wettbewerbspolitischen Instrumente

Im Holzhandel hat sich in den letzten Jahren trotz des verstärkten Einsatzes der Preispolitik als akquisitorisches Instrument in der Strukturierung des Marketing-Mix bzw. im Stellenwert der einzelnen Leistungskomponenten nichts Entscheidendes geändert. Lieferfähigkeit und Lieferbereitschaft, dementsprechend die breite Sortimentierung und die problemlösungsbezogene Kundenberatung nehmen bei allen Angebotsformen und Unternehmensgrößen die dominante Stelle im wettbewerbspolitischen Instrumentarium ein. Daneben hat, ähnlich wie im Baustoffhandel, auch die optisch-werbliche Präsentation der Leistungsfähigkeit in Form ständiger Musterschauen oder Ausstellungen, induziert durch die Veränderung der Marktansprüche in Richtung „Problemlösungen" und forciert durch das Vordringen der großen SB-Heimwerkermärkte, stark an Bedeutung gewonnen. Insbesondere die kooperierten Firmen setzen stark auf dieses Instrument.

Der Preispolitik kommt bei der starken Dienstleistungsorientierung sowie der ausgewogenen Struktur der Branche trotz einer Intensivierung weiterhin eine deutlich nachrangige Rolle zu. Lediglich die Werkshandels- und Vertriebsgesellschaften setzen aufgrund der schmaleren Leistungsprogramme und der geringeren Serviceorientierung in starkem Maße auf dieses Instrument. Die Kreditgewährung an die Abnehmer gehört in diesem Markt traditionell zu den Funktionen des Großhandels. Ihr Gewicht ist zwar nachrangig, doch höher als das der Preis- und Rabattpolitik. Spezielle Dienstleistungen wie Maßfertigung und Montage haben bei den Werkshandels- und Vertriebsgesellschaften sowie den kooperierten Holzhandelsfirmen ein größeres Gewicht.

Im Instrumentarium der großen Unternehmen sowie der Konzernunternehmen wird der Preiskomponente eine unterdurchschnittliche Bedeutung beigemessen. Das dürfte im wesentlichen daraus resultieren, daß diese Unternehmen bei günstigeren Beschaffungskonditionen ohne besondere Anstrengungen Preisführer im Markt sind und nur bei starker wettbewerblicher Konfrontation mit anderen Großunternehmen sowie bei preislichem Nachziehen der übrigen Anbieter verstärkt dieses Instrument einsetzen. Im übrigen sind aber die Preisvorteile der größeren gegenüber den kleineren Unternehmen beim Einkauf nur minimal. Wegen der hohen Frachtempfindlichkeit von Holz finden sie beim Ausspielen im Markt auch relativ schnell ihre Grenze (vgl. Anhangtabelle A 38).

Tabelle 49: **Einsatz der Wettbewerbsinstrumente im Holzhandel im Urteil der Unternehmen**
nach Betriebsformen

Betriebsform	Zur Erhaltung bzw. Verbesserung der Wettbewerbsfähigkeit legen .... % der Unternehmen[a] auf den Einsatz folgender Wettbewerbsinstrumente besonderes Gewicht								
	Lieferfähigkeit/ Lieferbereitschaft	Preis/ Rabatt	Breites Sortiment	Spezialisiertes Sortiment	Beratung	Dienstleistung Maßfertigung Montage	Ständige Musterschau, Ausstellung	Kreditgewährung an die Abnehmer	Sonstige
Selbständiges, ungebundenes Großhandelsunternehmen	91	23	67	31	75	23	51	32	2
Selbständiges, aber kooperiertes Großhandelsunternehmen	86	25	66	5	84	34	86	23	11
Werkshandels- oder Vertriebsgesellschaft	100	57	—	—	43	57	—	—	—
Tochtergesellschaft eines Konzernunternehmens	93	19	64	30	57	13	49	14	—
Insgesamt	91	23	66	30	74	23	52	31	3

a) Mehrfachmeldungen waren möglich.
Quelle: Erhebungen des Ifo-Instituts im Jahre 1977.

Unternehmen, die in den letzten Jahren besonders durch das Vordringen von Konzernunternehmen und SB-Märkten stark unter Wettbewerbsdruck geraten sind, haben offensichtlich versucht, dieser Konkurrenz durch Forcierung der Preis- und Kreditpolitik bei gleichzeitiger Sortimentsstraffung zu begegnen. Daß sie damit eher zu einer weiteren konstitutionellen Schwächung ihres Unternehmens mitbeigetragen haben, ohne entsprechende Absatzerfolge zu erzielen, zeigen ihre Wertungen über die eigene Wettbewerbsposition. Sie lauten großteils auf „schlecht" oder „sehr schlecht" (vgl. Anhangtabelle A 39).

Drei Viertel der Unternehmen tragen sich bereits mit konkreten Plänen, auf die Konzentrationsvorgänge zu reagieren. Ganz überwiegend sehen diese Unternehmen in einer verstärkten Betätigung im Einzelhandelsbereich, in einer forcierten Ausrichtung von Sortiment, Angebotstyp und Akquisitionspolitik auf das Marktsegment der Endverbraucher bzw. Heimwerker ihre beste Anpassungschance. Da gerade aber auch aus dem Baustoffbereich im Wege der Marktreaktion eine Großzahl von Unternehmen in diesen Sektor drängt, dürften die Expansionsmöglichkeiten bei einem beachtlichen Teil von Unternehmen relativ bald ihre Grenzen erreichen. Mittelständische Unternehmen des Holz- wie des Baustoffbereichs geben somit unter dem Wettbewerbsdruck von Großanbietern Terrain im Großhandelsbereich auf und werden sich bei verstärktem Engagement im Einzelhandelsbereich vermutlich über kurz oder lang einem noch stärkeren Konkurrenzdruck ausgesetzt sehen.

Alle anderen Reaktionsmaßnahmen der Unternehmen auf konzentrative Tendenzen im Markt haben nur eine nachrangige Bedeutung. Insbesondere mittlere und große Unternehmen planen eine Intensivierung der zwischenbetrieblichen Zusammenarbeit. Dabei handelt es sich aber im wesentlichen um Partialkooperationen. Offensichtlich spielt in diesen Plänen auch der Gedanke der Bildung von Einkaufsringen eine Rolle, eine Strategie, mit der man der Bildung von Einkaufs- und Marktmacht bei den Konzernen ein Gegengewicht gegenübersetzen möchte. Im Schwergewicht konzentriert sich der Kooperationsgedanke aber auf den Absatzbereich. Auch die Diversifizierung, die zusätzliche Betätigung in einer anderen Branche, wird ins Auge gefaßt, wobei sowohl eine industrielle Betätigung im Bereich Holz-Fertigelemente als auch Aktivitäten in anderen Großhandelssparten in das Kalkül gezogen werden. Besonders Werkshandels- und Vertriebsgesellschaften sehen darin ein adäquates Anpassungsinstrument.

Vertragsvertriebssystemen kommt bei der differenzierten Anbieterstruktur in der Industrie nur ein ganz geringes Gewicht zu. Trotzdem sieht ein Teil der Unternehmen — insbesondere aus dem Konzernbereich — darin ein Instrument zur wettbewerblichen Absicherung und

Tabelle 50: **Reaktionsmaßnahmen der Unternehmen im Holzhandel auf Konzentrationsvorgänge im Markt**
nach Betriebsformen

Betriebsform	Als Reaktion auf die im Markt vor sich gehenden Konzentrationsvorgänge beabsichtigen ... % der Unternehmen[a] folgende Maßnahmen					
	Eintritt in eine Kooperationsgemeinschaft bzw. Verstärkung der Kooperation	Einbindung bzw. Verstärkung der Einbindung in ein Vertragsvertriebsverhältnis mit der Industrie	Fusion mit einem anderen selbständigen Großhandelsunternehmen	Verkauf des Unternehmens bzw. von Anteilen des Unternehmens	Verstärkte Betätigung im Einzelhandelsbereich	Zusätzliche Betätigung in einer anderen Branche
Selbständiges, ungebundenes Großhandelsunternehmen	18	7	2	4	81	16
Selbständiges, aber kooperiertes Großhandelsunternehmen	34	—	—	5	74	21
Werkshandels- oder Vertriebsgesellschaft	—	—	—	—	—	100
Tochtergesellschaft eines Konzernunternehmens	24	15	18	—	64	—
Insgesamt	19	7	2	4	80	16

a) Mehrfachmeldungen waren möglich.
Quelle: Erhebungen des Ifo-Instituts im Jahre 1977.

Profilierung gegenüber der Konkurrenz. Fusionen mit anderen Großhandelsunternehmen spielen bei den größeren Unternehmen und hier vor allem bei Konzernunternehmen in den Marktplanungen eine gewisse Rolle. Hieraus wird ersichtlich, daß mit einer Verstärkung der Konzentration im Holzhandel durch weitere externe Expansion der Konzernunternehmen zu rechnen ist, kaum hingegen aufgrund von konzentrativen Reaktionsmaßnahmen aus dem Bereich des mittelständischen Handels. Firmenverkäufe bzw. Verkäufe von Firmenanteilen sind von etwa 4 % der Holzhandelsunternehmen geplant. Dabei handelt es sich um Unternehmen bis zu 10 Mill. DM Jahresumsatz sowohl des kooperierten wie des nichtkooperierten Bereichs (vgl. Anhangtabelle A 40).

e) Längerfristige Existenzchancen im Urteil der Unternehmen

Die Unternehmen des Holzhandels beurteilen ihre längerfristigen Geschäftsaussichten und Existenzchancen als vergleichsweise positiv. Über 70 % gaben die Wertung „befriedigend", reichlich 20 % das Urteil „gut" ab. 7 % der Unternehmen dagegen sprechen von schlechten Zukunftschancen. Dabei handelt es sich um Unternehmen aller Größenklassen unter 20 Mill. DM Jahresumsatz. Mit zunehmender Umsatzgröße werden die längerfristigen Existenzchancen günstiger eingeschätzt.

Vergleicht man die Urteile hinsichtlich der Langfristperspektiven mit denen über die derzeitige Wettbewerbsposition, so ist zu schließen, daß sich der Gefährdungsbereich der Unternehmensexistenz in den kommenden Jahren kaum verbreitern dürfte, daß aber die Qualität der Wettbewerbsposition eine gewisse Schmälerung erfahren wird. Im Bereich des traditionellen Holzhandels erwarten vor allem die kooperierten Unternehmen relativ häufig eine Verschlechterung ihrer Wettbewerbssituation. Daneben rechnen aber die Werkshandels- und Vertriebsgesellschaften — insbesondere bedingt durch ihre vergleichsweise schmale Sortimentierung — mit einem verstärkten Wettbewerbsdruck und einer Positionsgefährdung auf breiter Front. Diesen Perspektiven entsprechend werden gerade in dieser Gruppe Diversifizierungsmaßnahmen ins Auge gefaßt (vgl. Anhangtabelle A 41).

Die unternehmerischen Anpassungs- und Gestaltungsmaßnahmen, insbesondere in organisatorischer und absatzstrategischer Form, werden bei einem Teil der Unternehmen zu einer Verbesserung der Wettbewerbssituation, beim Großteil der Betriebe zu einer Konsolidierung ihrer Konstitution führen. Bei den Unternehmen aber, die derzeit schon eine schlechte oder sehr schlechte Wettbewerbsverfassung aufweisen, dürften die Anpassungsmaßnahmen überwiegend nicht erfolgreich sein (vgl. Anhangtabelle A 42).

Tabelle 51

Die längerfristigen Existenzchancen im Holzhandel im Urteil der Unternehmen nach Unternehmensgrößenklassen

Unternehmensgrößenklasse (Jahresumsatz in Mill. DM)	... % der Unternehmen beurteilen ihre Geschäftsaussichten und Existenzchancen auf längere Sicht als		
	gut	befriedigend	schlecht
unter 1	14	76	10
1 bis unter 2	16	73	11
2 bis unter 4	16	78	6
4 bis unter 10	22	71	7
10 bis unter 20	33	60	7
20 und mehr	30	70	—
Insgesamt	21	72	7

Quelle: Erhebungen des Ifo-Instituts im Jahre 1977.

Für die Wettbewerbsfähigkeit werden künftig in noch stärkerem Maße als bisher die „echten“ Handelsleistungen, die sich in Lieferfähigkeit und Lieferbereitschaft, breiter Sortimentierung, qualifizierter Beratung und der optischen Präsentation des Leistungsbündels in Form von Ausstellungen und Musterschauen ausdrücken, ausschlaggebend sein. Unternehmen, die diesen Leistungskomponenten zu geringes Gewicht beimessen und die sich zur Kompensation verstärkt in den Preis- und Konditionenwettbewerb begeben, laufen Gefahr, ihre finanzielle Verfassung noch weiter zu schwächen, ohne Marktterrain halten zu können (vgl. Anhangtabelle A 43).

Neben der unternehmenspolitischen Konzeption und dem Einsatz der Wettbewerbsinstrumente wird für die Erhaltung der Unternehmensexistenz und die Qualität der Wettbewerbsposition auch die unmittelbare Wettbewerbskonstellation von entscheidender Bedeutung sein. Gerade Unternehmen, die sich in überdurchschnittlich starkem Maße unmittelbar mit Konzernunternehmen konfrontiert sehen, bezeichnen ihre Existenzchancen als schlecht. Unternehmensgröße und aggressiv-expansives Marktverhalten dieser Unternehmen dürften besonders kleineren

Unternehmen in ihrem Standortbereich die Konkurrenzbasis entziehen (vgl. Anhangtabelle A 44).

Nach Regionalbereichen zeigen sich deutliche Abweichungen in den Langfristperspektiven der Unternehmen. Während in den Seehäfen die Existenzchancen von den Unternehmen als überdurchschnittlich positiv eingeschätzt werden, rechnet man in Bayern auf erheblicher und zunehmender Breite mit einer Existenzgefährdung; nahezu ein Fünftel der Unternehmen bewertet hier seine Existenzchancen als schlecht. Daneben spricht auch in der Region Nordrhein ein Anteil von rd. einem Zehntel der Firmen von ungünstigen Wettbewerbsperspektiven. In den übrigen untersuchten Regionen des Bundesgebietes (Westfalen, Rheinhessen, Hessen und Niedersachsen) ist der Bereich der Existenzgefährdung von Unternehmen schmäler als im Bundesdurchschnitt.

Insgesamt indizieren die Unternehmerurteile hinsichtlich der Langfristperspektiven, daß trotz gewisser durch Konzentration und Wettbewerbsintensität ausgelöster Verdrängungsvorgänge und Umstrukturierungen der Holzhandel weiterhin ein Markt mit relativ ausgewogener Unternehmensstruktur und Wettbewerbsintensität bleiben wird.

C. Zusammenfassung der wesentlichen Untersuchungsergebnisse

1. Allgemeine Grundtendenzen in Struktur und Wettbewerb auf den untersuchten Handelsmärkten

Die Analyse der ausgewählten Handelsmärkte zeigt, daß in Strukturbild und -veränderungstempo wie auch in Wettbewerbsintensität sowie Wettbewerbsposition der Unternehmen nach Märkten beachtliche Unterschiede vorliegen. Einige Grundtendenzen sind allerdings für alle Märkte typisch, nämlich

— eine beachtliche Verstärkung der Konzentration

— eine erhebliche Intensivierung des Wettbewerbs sowie

— eine nachhaltige Schwächung der Wettbewerbsfähigkeit in einem breiten Bereich des mittelständischen Handels.

Die in die Untersuchung einbezogenen Branchen waren ehemals ganz überwiegend mittelständisch geprägt. Dieses Bild hat sich in den vergangenen Jahren zum Teil grundlegend gewandelt. Zwar stellen die selbständigen Unternehmen — bezogen auf den gesamten Absatzraum Bundesrepublik Deutschland — sowohl zahlen- als auch umsatzmäßig immer noch eine bedeutende Unternehmensgruppe dar, doch haben Konzern- und Genossenschaftsunternehmen in der Zwischenzeit beachtliche Marktanteile auf sich gezogen. Dies geschah auf zwei Wegen: Soweit diese Unternehmen in den entsprechenden Distributions- und Funktionsbereichen bereits tätig waren, durch Ausbau und Forcierung dieser angestammten Aktivitäten, zum anderen über eine gezielte Diverzifizierungspolitik im Wege der Neuerrichtung von Handelshäusern und — was noch stärker ins Gewicht fiel — durch Aufkauf freier Firmen bzw. durch Beteiligung an potenten Unternehmen. Diese Maßnahmen führten dazu, daß Konzernfirmen und in einigen Märkten und Regionen auch landwirtschaftliche Genossenschaftsunternehmen zu den stärksten Wettbewerben auf den untersuchten Märkten wurden.

Die Veränderung der Wettbewerbsintensität als Inbegriff der Geschwindigkeit und Art der Aufeinanderfolge von Vorstoß- und Verfolgungsphase der Unternehmen im Marktgeschehen läßt sich sowohl an Hand von Unternehmerurteilen wie auch an Hand von Indikatoren ermitteln. Indikatoren für eine Erhöhung der Wettbewerbsintensität sind

u. a. die Ausweitung der Wettbewerbs- und Markträume, die Erhöhung der Zahl der unmittelbaren Konkurrenten, die Verbreiterung des wettbewerbspolitischen Instrumentariums und dessen intensivere Nutzung und hierbei insbesondere der ausgeprägte Einsatz der Preispolitik als akquisitorisches Instrument.

Die Wettbewerbsposition der Unternehmen als Ausdruck der Aktions- und Reaktionsfähigkeit unter dem Gesichtspunkt der langfristigen Betriebserhaltung und Existenzsicherung hat in weiten Bereichen insbesondere der mittelständischen Handels- und Dienstleistungsunternehmen eine qualitative Verschlechterung erfahren. In einem ansehnlichen Unternehmensbereich liegt damit eine Schwächung der Wettbewerbsfähigkeit vor. Sie resultiert aus konzentrations- und nachfragebedingten Umsatzeinbußen sowie einer Einengung der Bruttomargen und Gewinnspannen infolge erhöhter Anstrengungen im Wettbewerb. Der Bereich der unternehmerischen Existenzgefährdung ist trotz der in den letzten Jahren erfolgten zahlreichen Betriebsaufgaben und -verkäufe kaum kleiner geworden.

2. Entwicklungs- und Erscheinungsbild der einzelnen Handelsmärkte

a) Baustoffhandel

— In die Distribution von Baustoffen ist der institutionelle Baustoffhandel zu rd. 50 % eingeschaltet. Er hat damit — gemessen am Einschaltungsgrad des Großhandels in den Absatz der gesamten Grundstoff- und Produktionsgüterindustrie — eine überdurchschnittliche Marktbedeutung, die sich in den zurückliegenden Jahren nicht nennenswert verändert hat.

— In den zurückliegenden Jahren hat sich das Funktionsbild des Baustoffgroßhandels teilweise verändert. Die generelle Markteinengung sowie die zunehmende Betätigung branchenfremder Großunternehmen im Baustoffhandel haben zu einem außerordentlich scharfen Preiswettbewerb im Bereich der Massenbaustoffe geführt. Der Baustoffhandel sah sich deshalb vor die Notwendigkeit gestellt, neue Wachstumsträger zu suchen. Dabei kamen ihm Entwicklungen auf der Angebots- wie auf der Nachfrageseite entgegen: Zum einen der technische Fortschritt auf dem Bau- und Baustoffmarkt, zum anderen der zunehmende Trend zum Do-it-yourself. Der Baustoffhandel hat sich vom reinen Verteilungsgroßhandel, dessen Hauptbetätigungsfeld ehemals im physischen Warenvertrieb lag, zu einem Absatzmittler mit stark diversifiziertem Sortiment und einem umfassenden Dienstleistungsangebot entwickelt. Derzeit betreibt etwa jeder dritte Baustoffhändler einen Baumarkt bzw. ein Heimwerker-,

Do-it-yourself- oder Hobbycenter. Die physischen Warenfunktionen Lagerhaltung und Transport werden vom Baustoffhandel nur teilweise in eigener Regie wahrgenommen. In starkem Maße werden das Speditions- und Transportgewerbe (von etwa sieben Zehnteln der Unternehmen) sowie gewerbliche Lagerhalter (von rd. einem Fünftel der Unternehmen) eingeschaltet.

— Der Baustoffhandel zählt zu den wenigen Großhandelsbereichen, die in den sechziger und Anfang der siebziger Jahre noch steigende Unternehmenszahlen zu verzeichnen hatten. Im Jahre 1976 waren knapp 7200 Unternehmen schwerpunktmäßig in diesem Handelsbereich tätig, wobei es sich aber nicht ausschließlich um funktionsechte Großhandelsunternehmen handelt. Knapp die Hälfte der Unternehmen liegt unter der Umsatzschwelle von 500 000 DM Jahresumsatz, etwa drei Fünftel unter der von 1 Mill. DM. Der Kooperationsgrad im Baustoffhandel ist relativ hoch. Es gibt drei bedeutende überregionale Kooperationsgemeinschaften. Gut ein Drittel der Firmen ist in ein industrielles Vertragsvertriebssystem integriert. Die Bedeutung des Vertragsvertriebs hat in den letzten Jahren spürbar zugenommen.

— Auch im Baustoffhandel ist eine zunehmende Verlagerung der Unternehmen, insbesondere aber der Umsätze in die höheren Umsatzgrößenklassen festzustellen. Den Ergebnissen der Umsatzsteuerstatistik zufolge, in denen Konzern- und sonstige abhängige Unternehmen nicht erfaßt sind, betrug der Umsatzanteil der Großunternehmen (über 25 Mill. DM Jahresumsatz) 1976 28 % (1968: 12 %), der der mittleren Unternehmen (10—25 Mill. DM) 23 % (1968: 17 %). Bezieht man die Umsätze der Konzern- und Genossenschaftsunternehmen mit ein, so verfügen die großen Unternehmen im Baustoffhandel im Bundesdurchschnitt über einen Marktanteil von reichlich zwei Fünfteln. Der regionale Konzentrationsgrad ist teilweise erheblich höher zu veranschlagen. So liegt beispielsweise im süddeutschen Raum der Marktanteil der fünf größten Unternehmen deutlich über der 50 %-Marke.

— Der sog. Oligopolbereich ist sehr weit. Die regionalen Strukturverhältnisse im Bereich der größten Baustoffhandelsunternehmen sind durch verhältnismäßig ausgewogene Kräfteverhältnisse und keine beherrschenden Stellungen gekennzeichnet.

— Der Baustoffhandel gehört zu den Großhandelsbranchen, in denen, bedingt durch gewandelte Anforderungen des Marktes hinsichtlich Sortiment und Leistungsumfang, durch konzentrative Entwicklungstendenzen sowie durch Eindringen vor dem branchenfremder Konkurrenten in den Markt, eine beträchtliche Verstärkung des Wettbewerbs erfolgte. Insgesamt wird der Wettbewerbsgrad als sehr hoch empfunden. Lediglich ein kleiner Teil von Unternehmen, insbesondere der mittleren Größenklasse, konnte sich offensichtlich marktraum- und/oder leistungsprogrammbedingt Marktnischen erhalten, in denen der Wettbewerbsgrad vergleichsweise niedriger ist.

— In Bayern erfolgten markträumliche Veränderungen im Baustoffhandel in größerem Umfang als in Westdeutschland und auch der Intensitätsgrad des Wettbewerbs hat hier stärker zugenommen. Während in Bayern der Baywa eine ausgeprägte Aufkauf- und Konzentrationsintensität zugesprochen wird, wodurch die Gefahr einer dem Wettbewerb abträglichen Machtballung entstehe, sieht der mittelständische Baustoffhandel in Nordrhein-Westfalen ähnliches in der Expansion der VEBA-Unternehmen. Eine gerade von Raab Karcher und Stinnes in jüngster Zeit praktizierte Standortpolitik, die offensichtlich darauf hinausläuft, eine Netzbereinigung und Konzentration der Marktbearbeitung in der Form vorzunehmen, daß an bisher gemeinsam gehaltenen Standorten der jeweils schwächere von dem stärkeren Partner übernommen wird, nährt die aus den Reihen des Mittelstandes geäußerten Vermutungen einer Reduzierung des konzerninternen Wettbewerbs.

— Die Fortsetzung der Konzentration und Standortsicherung gerade durch die Konzernunternehmen sowie die landwirtschaftlichen Genossenschaften hat zu einer erheblichen Verschärfung des Wettbewerbs, speziell des Preiswettbewerbs geführt. Etwa ein Fünftel der Unternehmen und hierbei in erster Linie Kleinunternehmen hatte im Zuge der hiervon ausgehenden Marktraum- und Umsatzschrumpfungen sowie des besonders bei Massenbaustoffen extrem scharfen Wettbewerbs eine Beeinträchtigung ihrer Wettbewerbsposition hinzunehmen. Teilweise sieht man im erreichten Konzentrationsgrad bereits deutliche Hemmnisse zur Verwirklichung der wesentlichen struktur- und mittelstandspolitischen Zielsetzung, nämlich des ausgewogenen Nebeneinander von Groß und Klein. Dies gilt für Bayern in noch stärkerem Umfang als etwa für den westdeutschen Raum. Das Wettbewerbsklima wurde dadurch zwar noch nicht entscheidend beeinträchtigt. Bei einer Fortsetzung der Konzentration im Ausmaß der letzten Jahre — eine durchaus realistische Annahme — würde aber die Marktmorphologie eine für die Qualität und zu einem späteren Zeitpunkt die Existenz des Wettbewerbs beängstigende Form annehmen.

— Im Durchschnitt des Bundesgebietes beurteilt rd. ein Fünftel der Baustoffhändler die Wettbewerbslage als „schlecht" oder „sehr schlecht". In Bayern liegt der entsprechende Anteil bei über einem Viertel, in Westdeutschland bei rd. einem Zehntel. Nahezu 5 % dieser Firmen befinden sich in der akuten Gefährdungszone der Unternehmensexistenz. Besonders gefährdet sind offensichtlich die Unternehmen unter 4 Mill. DM Jahresumsatz. Der Bereich der Existenzgefährdung konzentriert sich im Schwergewicht auf den ungebundenen Großhandel.

— Die landwirtschaftlichen Genossenschaften mit Aktivitäten im Baustoffhandel werden als stärkste unmittelbare Konkurrenten empfunden, wobei ihr Gewicht in Bayern in diesem Markt überdurchschnittlich stark ausgeprägt zu sein scheint. Besonders die kleinen Unternehmen in ländlichen Räumen sehen sich in erheblichem Maße mit dieser Konkurrenz konfrontiert. In ihrem Wettbewerbsgewicht als kaum geringer werden die Tochtergesellschaften von Konzernunternehmen und in dieser Gruppe in erster Linie die VEBA-Unternehmen empfunden. Ihre Bedeutung wird im westdeutschen Raum traditionsbedingt höher eingeschätzt als etwa in Bayern.

— Praktisch alle traditionellen Baustoffhandelsunternehmen sind der Meinung, daß die Konzernunternehmen und die Genossenschaftsunternehmen in ihrer Wettbewerbspolitik in erster Linie preispolitisch orientiert sind und hiermit bereits einen beachtlichen Verdrängungswettbewerb entfacht haben. Die Basis hierfür werde auf der Beschaffungsseite gelegt, wo Nachfragemacht in beachtlichem Umfang ausgespielt und Bestellvolumina zentral gesteuert würden.

— Da die Kreditierungsfunktion offensichtlich in den letzten Jahren in noch stärkerem Maße als bislang als wichtige Komponente großhändlerischer Leistung angesehen wurde, sind die Wettbewerber, die in ihrem Verbund eine entsprechende Finanzierungsinstitution haben und damit über besonders günstige Möglichkeiten der Refinanzierung verfügen, zusätzlich begünstigt worden. Das trifft in Bayern insbesondere für die Baywa bzw. die örtlichen Genossenschaften mit der Organisation der Raiffeisenbanken im Hintergrund zu. Darüber hinaus wird gerade in Bayern im Bereich der mittelständischen Großhandelsunternehmen die teilweise steuerrechtliche Begünstigung der landwirtschaftlichen Genossenschaften als verstärkendes Moment der Konzentrationsentwicklung und Positionsschwächung der kleinen und mittleren Betriebe bewertet.

— Ein beachtlicher Teil von Unternehmen sieht die bisherige Organisations- und Kapitalstruktur sowie die bisherige Form der Betätigung im Baustoffmarkt nicht mehr als ausreichend an. Knapp drei Viertel der Unternehmen des gesamten institutionellen Baustoffhandels haben bereits konkrete Pläne für Reaktionsmaßnahmen. Diese zielen im Schwergewicht auf eine verstärkte Integration in einen Kooperationsverbund sowie eine verstärkte Orientierung zur Einzelhandelstätigkeit in Form des Aufbaus von Baumärkten. Teilweise sieht man aber nur noch im Verkauf des Unternehmens einen letzten Ausweg vor einem möglichen Konkurs. Angesichts des Vordringens der Konzentrationsgebilde, nicht zuletzt in Form der landwirtschaftlichen Genossenschaften, ist die Entmutigungswirkung im Bereich des Mittelstandes teilweise bereits soweit fortgeschritten, daß diese Unternehmen bei Konzernen um Übernahme ersuchen.

— Das Gros der Firmen des Baustoffhandels (60 %) bezeichnet seine längerfristigen Existenzchancen weiterhin als befriedigend, ein kleiner Teil (14 %) als gut. Über ein Viertel der Firmen dagegen urteilt mit „schlecht". Diese Werte signalisieren, daß sich gegenüber Anfang der siebziger Jahre der Gefährdungsbereich spürbar verbreitert hat und daß vom derzeitigen Stand der Wettbewerbsposition aus ein Teil der Firmen mit einer weiteren konstitutionellen Verschlechterung rechnet. Der Anteil der akut gefährdeten Unternehmen wird somit in den kommenden Jahren noch größer werden. Betroffen davon werden in erster Linie die Kleinstunternehmen, daneben aber auch Großunternehmen, insbesondere im Bereich des nichtkooperierten Handels sein. Insgesamt betrachtet wird der zu erwartende Ausleseprozeß in den Unternehmensgrößenklassen unter 4 Mill. DM am größten sein.

b) Chemiehandel

— Der Chemiegroßhandel ist in aller Regel reiner Produktionsverbindungshandel. Sein Betätigungsfeld reicht von der Zentralgroßhandelsstufe (einschließlich Im- und Export) bis zur örtlichen Stufe. Der Breite und Tiefe des Funktionsfeldes entsprechend haben sich mehrere Unternehmensgruppen mit spezifischen Aktivitätsschwerpunkten herausgebildet. Es sind dies internationale und überregionale Händler, regionale Verteiler und Platzhandel, „Schreibtischhändler" und Makler sowie spezialisierte Händler. Die Bedeutung des Chemiegroßhandels als Absatzmittler hat sich in den zurückliegenden Jahren tendenziell erhöht.

— Der Kreis der funktionsechten Chemiegroßhändler ist auf reichlich 200 zu veranschlagen, der Großteil davon sind selbständige, ungebundene Unternehmen. Rund ein Fünftel der Unternehmen ist in einem Kooperationsverbund zusammengeschlossen; es handelt sich hierbei fast ausschließlich um Unternehmen im Größenbereich zwischen 10 und 50 Mill. DM Jahresumsatz. Das Chemiegroßhandelsvolumen im Inland ist insgesamt auf gut 6 Mrd. DM zu veranschlagen, wobei das Platzgeschäft rd. die Hälfte ausmachen dürfte.

— Die Ertragssituation des Chemiegroßhandels hat sich in den zurückliegenden Jahren tendenziell verschlechtert. Bereits ab Mitte der siebziger Jahre war es zu einer deutlichen Verringerung der steuerlichen Gewinnspanne gekommen. Betroffen davon waren vor allem auch die größeren Unternehmen. Der Druck auf die Erträge ging in erster Linie von der Kalkulationsseite aus. Die Handelsspannen konnten unter dem zunehmenden Wettbewerbsdruck nicht gehalten werden.

— Im Chemiegroßhandel ist der Grad der Umsatzkonzentration insgesamt außerordentlich stark. Diese Feststellung läßt sich allein schon auf der Basis der Umsatzsteuerstatistik treffen, obwohl dabei die im Chemiesektor tätigen Handelstöchter großer Konzernunternehmen nicht erfaßt sind. Auf die Betriebe mit mehr als 25 Mill. DM Jahresumsatz entfiel 1976 mehr als die Hälfte aller Chemiegroßhandelsumsätze. Der tatsächliche Konzentrationsgrad ist jedoch noch wesentlich höher. Der Chemiehandelsabsatz der Konzernfirmen belief sich 1976 auf etwa 2 Mrd. DM, d. h., daß allein auf die Konzernfirmen knapp ein Drittel aller Chemiegroßhandelsumsätze entfällt. Die zehn größten im Chemiehandel tätigen Firmen dürften rd. die Hälfte aller Umsätze auf sich vereinigen.

— Der Wettbewerb im Chemiehandel hat sich in den letzten Jahren beachtlich verstärkt und mittlerweile einen sehr hohen Intensitätsgrad erreicht. Die wettbewerblichen Veränderungen, denen sich die Unternehmen gegenübersehen, sind im Schwergewicht auf strukturelle Veränderungen in ihren Markträumen, wie Fusionen und Aufkäufe von Unternehmen durch Groß- und Konzernunternehmen, zurückzuführen, resultieren teilweise aber auch aus eigenen strukturellen Aktions- und Reaktionsmaßnahmen, durch die sich die Wettbewerbsbeziehungen der Unternehmen zumeist verbreitern. Etwa ein Drittel der Unternehmen nahm in den letzten Jahren unternehmerisch-organisatorische bzw. vermögensrechtliche Umstrukturierungen vor. Über die Hälfte der Unternehmen sah sich jedoch im engeren Marktraum mit unternehmensstrukturellen Veränderungen der Konkurrenten konfrontiert. Der Grundtenor der Firmenaussagen und -wertungen geht dahin, daß die Konzernunternehmen — hier wird häufig das VEBA-Unternehmen Raab Karcher genannt — durch Aufkauf teilweise bedeutender Regionalhändler die Breite und Intensität der Marktdurchdringung weiter erhöhen und dadurch die regionalen Wettbewerberstrukturen zunehmend überlagert werden durch die Eigenheiten und Charakteristika des überregionalen Konzernwettbewerbs.

— Der Großteil der Unternehmen sieht von den marktmorphologischen Veränderungen mehr oder weniger starke Einflüsse auf den Wettbewerb ausgehen. Soweit Konzentrationsvorgängen Wettbewerbsrelevanz zuerkannt wird, spricht man von einer erheblichen Verschärfung des Wettbewerbs, speziell des Preiswettbewerbs. Teilweise sieht man darin auch Machtballungen, die zu einer Beeinträchtigung der Beschaffungsbedingungen und damit auch der Absatzchancen für die übrigen Marktpartner führen. Nach Aussagen von Firmen ist es vereinzelt bereits zu Marktzugangsbeschränkungen gekommen. Diese äußern sich darin, daß es für Unternehmen, die nicht zu Konzern- und Großgebilden gehören, immer schwieriger wird, mit „vertretungswürdigen" Produzenten abzuschließen. Das gilt insbesondere auch für das Auslandsgeschäft, speziell mit Staatshandelsländern.

— Daß Firmenaufkäufe und Konzentrationen in regionalen Räumen zu strukturellen Ungleichgewichten führen können, die die Gefahr der Beeinträchtigung von Qualität und Existenz des Wettbewerbs in sich bergen, wird in einzelnen regionalen Räumen deutlich. So hat die VEBA-Gruppe z. B. im Frankfurter Großraum durch Übernahme von Firmen wie Kalbow und Röhl nach übereinstimmender Aussage von Mittwettbewerbern einen Marktanteil zwischen 70 und 80 % über die gesamte Produktpalette des Chemiegroßhandels hinweg. Ähnlich hoch wird dieser Anteil für West-Berlin veranschlagt. Wenn auch insgesamt, d. h. auf den gesamten Absatzraum Bundesrepublik Deutschland bezogen, von den Fusions- und Konzentrationsvorgängen bislang noch keine wettbewerbsbehindernden bzw. -schädigenden Wirkungen ausgegangen sind, so wird die Gefahr der Beeinträchtigung des Wettbewerbs bei einer Fortsetzung des Konzentrationstempos im bisherigen Ausmaß allerdings als sehr hoch veranschlagt.

— Die Wettbewerbsposition der Kleinstunternehmen (unter 2 Mill. DM Jahresumsatz) sowie der Unternehmen der Größenklasse 10 bis unter 20 Mill. DM Jahresumsatz hat sich in den letzten Jahren auf breiter Front verschlechtert. Der traditionelle Großhandel und hierbei insbesondere Unternehmen des kooperierten Bereichs hatten auf breitester Basis eine Beeinträchtigung der Wettbewerbslage hinzunehmen. Die Gruppe der Großunternehmen (100 Mill. DM und mehr Jahresumsatz) hatte dagegen eine deutliche Verbesserung der Wettbewerbslage zu registrieren. Die organisatorische Zugehörigkeit stellt neben der Unternehmensgröße eine wesentliche, die wettbewerbliche Konstitution prägende Größe dar; nach wie vor aber wird der regionale Wettbewerb noch nicht vom überregionalen Systemwettbewerb dominiert.

— Die Tochtergesellschaften von Konzernunternehmen, daneben die Gruppe der ungebundenen Großhandelsunternehmen werden mit Abstand als stärkste unmittelbare Konkurrenten empfunden. Allen anderen Anbietergruppen kommt in der Skala der Konkurrenzintensität eine nachrangige Position zu.

— Etwa drei Viertel der Chemiegroßhandelsunternehmen haben bereits konkrete Maßnahmen ins Auge gefaßt, mit denen sie den Konzentrationstendenzen und der Wettbewerbsintensivierung zu begegnen trachten. Dabei zielt der Großteil der Pläne und Maßnahmen auf eine Diversifizierung, d. h. Erweiterung des Aktivitätsfeldes über den angestammten Bereich hinaus, teilweise auf Betätigungen außerhalb des Chemikalienhandels im engeren Sinne. In der Spezialisierung, in der konzentrierten Ausrichtung auf Problemlösungskonzepte innerhalb der Hauptbereiche des Chemikalienlieferprogramms, sieht man — insbesondere in den unteren und mittleren Größenklassen — eine weitere Stütze, um die Wettbewerbsposition zu verbessern. Im traditionellen Großhandel wird die Kooperation und innerhalb dieser die abgestimmte Funktionenteilung zwischen Kooperationszentrale und -mitgliedern zu einem zunehmend bedeutenderen Instrument der Sicherung der Wettbewerbsfähigkeit. Pläne zum Eintritt in eine Kooperationsgemeinschaft oder zur Verstärkung der Kooperation äußerten Unternehmen bis zur Umsatzgrößenklasse 50 Mill. DM. In Unternehmensfusionen im mittelständischen Bereich sieht man dagegen kein adäquates Mittel, der Konzern- und Systemkonzentration zu begegnen.

— Das Gros der Firmen des Chemiegroßhandels (66 %) schätzt seine längerfristigen Geschäftsaussichten und Existenzchancen als befriedigend ein, gut ein Viertel wertet sie als „gut“. Etwa 6 % der Unternehmen dagegen beurteilen ihre Existenzchancen auf längere Sicht als schlecht. Der akute Gefährdungsbereich konzentriert sich ausschließlich auf den traditionellen Großhandel und hierbei in erster Linie auf Unternehmen mit Jahresumsätzen von weniger als 5 Mill. DM. Das Marktgeschehen in diesem Produktbereich wird zunehmend vom Kapital- und Systemwettbewerb gekennzeichnet. In den höheren Umsatzgrößenklassen und bei Einbettung in einen Konzern- sowie Vertragsvertriebsverbund werden die Geschäfts- und Existenzchancen als recht positiv bewertet.

c) Handel mit festen Brennstoffen

— Der Großhandel mit festen Brennstoffen ist sowohl Produktionsverbindungshandel wie auch distribuierender Großhandel. Das Funktionsfeld des Brennstoffhandels reicht — soweit er Ersthand-Händler ist — von der Zentralgroßhandelsstufe bis zur örtlichen Stufe. Er ist darüberhinaus häufig auch im Platzgeschäft und somit auf der Einzelhandelsstufe tätig.

— Der wertmäßige Umsatz des Großhandels mit festen Brennstoffen ist — bei extrem starken Schwankungen im Zeitablauf — von 1968 auf

1976 um rd. 8 % gewachsen. Real waren jedoch erhebliche Einbußen zu registrieren. Mengenmäßig hat der Großhandel mit festen Brennstoffen im Jahre 1976 weniger als die Hälfte des Jahres 1968 abgesetzt. Hauptursache dafür war in erster Linie der Absatzrückgang im Sektor Hausbrand und Kleinverbrauch. Ein großer Teil des Gesamtabsatzes an festen Brennstoffen berührt das eigene Lager des Brennstoffgroßhandels nicht. Im Durchschnitt der Branche werden rd. sieben Zehntel des Absatzes über Strecke abgewickelt. Bei Großunternehmen liegt dieser Anteil noch höher.

— Die Regionalstruktur des Kohlehandels zeigt eine starke Konzentrierung auf das Hauptfördergebiet Nordrhein-Westfalen. Knapp die Hälfte der Unternehmen ist in diesem Bundesland angesiedelt, von denen reichlich die Hälfte des Gesamtumsatzes getätigt wird. Hierin sind jedoch auch die Lieferungen an Abnehmer in anderen Bundesländern enthalten. Relativ bedeutend ist der Großhandel mit festen Brennstoffen ferner in Baden-Württemberg und Niedersachsen (Umsatzanteil 12,6 bzw. 10,8 %).

— Die Bedeutung des institutionellen Brennstoffhandels im Rahmen des Gesamtabsatzes an festen Brennstoffen hat sich in den zurückliegenden Jahren insgesamt verringert. Es ist zu erwarten, daß bei weiter schrumpfendem Marktpotential die Betätigungsfelder vieler kleiner und mittlerer Unternehmen derart eingeengt werden, daß ein weiteres Engagement im Festbrennstoffgeschäft nicht mehr als lohnend erscheint. Diese Vorgänge werden zu einer weiteren Verringerung des Einschaltungsgrades des einzelwirtschaftlichen Handels führen.

— Der Ausleseprozeß im Großhandel mit festen Brennstoffen war in den vergangenen Jahren außerordentlich stark ausgeprägt. Im Zeitraum 1968/1976 hat sich der Unternehmensbestand um reichlich zwei Fünftel auf 814 Unternehmen reduziert. Diese Ausleserate liegt um ein Vielfaches über der des gesamten Großhandels.

— Der Großhandel mit festen Brennstoffen zählt zu den Branchen, in denen der Umsatzanteil der Großunternehmen weit überdurchschnittlich hoch ist. So vereinigten im Jahre 1976 die Unternehmen mit Jahresumsätzen von über 10 Mill. DM 85 % des Gesamtumsatzes auf sich. Diese Firmen repräsentieren jedoch nur 10 % aller Unternehmen. Noch ungleichgewichtiger sind die Marktanteilskonstellationen, wenn die Umsätze der revierabhängigen Verkaufsgesellschaften sowie der in der amtlichen Statistik nicht erfaßten Groß- und Konzernfirmen in die Betrachtung mit einbezogen werden. Der Marktanteil dieser Unternehmen ist — gemessen am gesamten auf der regionalen bzw. örtlichen Großhandelsstufe getätigten Umsatz —

auf mehr als ein Fünftel zu veranschlagen. Die Gesamtheit der Großunternehmen partizipiert somit mit weit über neun Zehnteln am gesamten funktionalen Großhandelsumsatz.

— In den zurückliegenden Jahren hat sich die zwischenbetriebliche Zusammenarbeit auch im Brennstoffhandel zunehmend durchgesetzt. Von den an den Ifo-Erhebungen beteiligten Unternehmen sind rd. 8 % einer Kooperationsgemeinschaft angeschlossen. Es wird jedoch überwiegend nur eine Teilkooperation — vorwiegend auf dem Lagersektor — praktiziert.

— Im Großhandel mit festen Brennstoffen wird derzeit nur noch ein minimaler steuerlicher Gewinn erwirtschaftet. Berücksichtigt man die kalkulatorischen Kosten, so ist anzunehmen, daß in weiten Bereichen der Branche betriebswirtschaftlich mit Verlust gearbeitet wird. Demnach kann von einer angemessenen, längerfristig die Existenz sichernden Kapitalverzinsung im Großhandel mit festen Brennstoffen nicht mehr gesprochen werden.

— Etwa die Hälfte aller Brennstoffhändler hatte seit Anfang der siebziger Jahre nachhaltige Strukturveränderungen in ihren Wettbewerbsräumen zu verzeichnen, rd. zwei Fünftel der Firmen nahmen entsprechende organisatorisch-kapitalmäßige Anpassungsmaßnahmen vor. Während kleinere Firmen der verstärkten Konkurrenz im wesentlichen durch Eintritt in eine Kooperationsgemeinschaft zu begegnen trachteten, suchten die größeren Unternehmen in erster Linie durch Firmenaufkäufe sowie Fusionierungen Markträume und Marktanteile auf sich zu ziehen. Der Kreis der übernehmenden bzw. aufkaufenden Firmen konzentriert sich im Schwergewicht auf die Konzernunternehmen. Bemerkenswert ist jedoch auch das Vordringen der landwirtschaftlichen Genossenschaftsunternehmen in diesen Marktbereich. Gerade in ländlichen Räumen hat die flächendeckende Marktpräsenz dieser Unternehmen offensichtlich häufig zu Betriebsaufgaben im klein- und mittelbetrieblichen Bereich geführt. Nahezu ein Viertel der Firmen sieht in den Konzentrationsvorgängen eine wesentliche Ursache für die Verschlechterung der unternehmerischen Konstitution und spricht von einer Beeinträchtigung der Wettbewerbsposition. Dabei handelt es sich zwar im Schwergewicht um traditionelle Handelsunternehmen des nichtkooperierten Bereichs, doch auch im Bereich der Konzernunternehmen führt die verstärkte Überlappung und Deckung der Marktgebiete zu einer zunehmenden Beeinträchtigung der Wettbewerbskonstitution der verschiedenen Niederlassungen. Der Wettbewerbsgrad wird jedoch trotz der in den letzten Jahren erfolgten deutlichen Anhebung von den Unternehmen weiterhin als „gemäßigt hoch“ qualifiziert.

— Rund drei Fünftel der Unternehmen hatten im Zuge der Marktumstrukturierungen eine Verschlechterung der Wettbewerbslage zu verzeichnen, nur ein kleiner Teil (rd. 15 %) eine Positionsverbesserung. Im Durchschnitt des gesamten Brennstoffhandels werten nahezu zwei Fünftel der Firmen ihre derzeitige Wettbewerbsposition als schlecht, gut ein Zehntel der Firmen dürfte sich dabei im akuten Gefährdungsbereich der Unternehmensexistenz befinden. Die Erhebungsergebnisse machen deutlich, daß der Kampf um die Marktanteile bei stark schrumpfendem Gesamtmarkt im Schwergewicht zu Lasten der Kleinunternehmen ging. Im Bereich der Unternehmen unter 4 Mill. DM Jahresumsatz dürfte etwa ein Viertel der Unternehmen — trotz der schon in den zurückliegenden Jahren erfolgten starken Reduzierung der Betriebszahl — in beträchtlichem Maße von der Auslese bedroht sein.

— Über vier Fünftel aller Unternehmen sehen in Konzernunternehmen die stärksten oder mit die stärksten Konkurrenten. Dieser hohe Anteilssatz führt den bereits erreichten Marktdurchdringungsgrad der Konzernbetriebe besonders deutlich vor Augen. Nur ein kleiner Teil der Brennstoffhändler ist somit in seinem Wettbewerbsraum noch nicht mit einem oder mehreren Vertretern dieser Anbietergruppe konfrontiert. Neben den Konzernbetrieben ist dem traditionellen Brennstoffhandel in den landwirtschaftlichen Genossenschaften und deren Warenhandelsbetrieben ein Konkurrent mit beachtlichem Gewicht erwachsen. Kleinunternehmen messen genossenschaftlichen Betrieben standortbedingt eine stärkere Bedeutung im Wettbewerb zu als den Konzernunternehmen. Neben der Gruppe der Konzernhandelsgesellschaften sind die reviereigenen Vertriebsgesellschaften zunehmend zu starken Wettbewerbern geworden. Vor allem die Großunternehmen mit regionalen Absatzmärkten sowohl aus dem Lager der traditionellen selbständigen Brennstoffhändler als auch der Konzernhandelsgesellschaften bekamen diese Wettbewerbskraft zu spüren.

— Insbesondere bei den Unternehmen mit Jahresumsätzen zwischen 4 und 20 Mill. DM scheint die „Entmutigung“ bzw. die konstitutionelle Schwächung bereits so weit fortgeschritten zu sein, daß man zu einem beachtlichen Anteil nur noch im Verkauf des Unternehmens eine Chance sieht, Kapitalsubstanz zu sichern. Dabei sind es nicht nur selbständige, traditionelle Handelsunternehmen, sondern auch Konzerngesellschaften, die durch Verkäufe von Niederlassungen eine Straffung ihres Absatznetzes und damit eine betriebswirtschaftliche Konsolidierung erreichen wollen.

— Unternehmen, die sich derzeit schon in einer schlechten Wettbewerbsverfassung befinden, wird es nur in Einzelfällen gelingen, eine konstitutionelle Verbesserung herbeizuführen. Doch auch ein beachtlicher Teil von Brennstoffhändlern, die ihre Wettbewerbslage als befriedigend beurteilen, wird in den kommenden Jahren in den Gefährdungsbereich der Unternehmensexistenz geraten. Lediglich die Unternehmen, die derzeit bereits eine starke Marktposition innehaben und ihre Wettbewerbslage als gut bezeichnen, werden ihre Stellung behaupten, konsolidieren, teilweise ausbauen können. Im Schwergewicht handelt es sich dabei um Unternehmen mit Jahresumsätzen von mehr als 20 Mill. DM.

d) Holzhandel

— Dem Holzgroßhandel ist es in den zurückliegenden Jahren gelungen, seine Position als Absatzmittler weitgehend zu halten. Die Einschaltung des institutionellen Holzgroßhandels in den Inlandsabsatz von Holz und Holzhalbwaren beläuft sich auf rd. 80 %. Dieser Anteil liegt weit über dem Großhandelsdurchschnitt. Einschließlich der funktionsmäßig dem Großhandel zuzurechnenden Handelsvermittlungsumsätze sowie unter Einbeziehung der Holzumsätze der übrigen Großhandelsbranchen ergibt sich eine Einschaltungsquote von beinahe 100 %.

— Der Holzgroßhandel ist traditionell in erster Linie Produktionsverbindungshandel. Nach wie vor sind mit einem Anteil von rd. sieben Zehnteln Industrie und Handwerk die bedeutendendsten Abnehmergruppen.

— In den zurückliegenden Jahren hat sich das Betätigungsfeld des Holzgroßhandels in horizontaler und vertikaler Richtung vergrößert. Es kam dabei sowohl zu einer erheblichen Ausweitung als auch zu einer Neuorientierung bzw. fachlichen Neuausrichtung der Sortimente, insbesondere auf den Bedarfsbereich „Bauen". Eine weitere markante Ausprägung der funktionsmäßigen Umorientierung ist im Ausbau der Einzelhandelsaktivitäten zu sehen. Bei rd. drei Fünfteln der befragten Unternehmen hat sich in den zurückliegenden Jahren die Kundenstruktur durch den Einstieg in die Einzelhandelsfunktion verändert. Der Anteil der Einzelhandelsumsätze am Gesamtumsatz der Branche dürfte derzeit bereits bei rd. einem Fünftel liegen.

— Der Ausleseprozeß war in den vergangenen Jahren deutlich schwächer ausgeprägt als im Großhandelsdurchschnitt. Nach Sparten war die Entwicklung stark unterschiedlich. Einer merklichen Firmenauslese bei Rund-, Gruben- und Faserholz stand eine tendenzielle Zunahme bei Schnittholz wie auch bei Holzhalbwaren gegenüber. Ende 1976 bestanden in der Bundesrepublik noch rd. 3500 Holzhandelsunternehmen.

— Der Kooperationsgrad der Branche ist gering. Nach Ermittlungen des Ifo-Instituts sind weniger als 3 % der Unternehmen einer Kooperationsgemeinschaft angeschlossen. Rund ein Sechstel der Holzhandelsunternehmen unterhält langfristige Vertragsvertriebsvereinbarungen mit Abnehmern aus dem Bereich des holzverarbeitenden Handwerks und der holzverarbeitenden Industrie. Die Bedeutung des Vertragsvertriebs ist im Steigen begriffen. Dies gilt sowohl bezüglich der Bindung von Kunden an den Großhandel als auch hinsichtlich der Einbettung des Großhandels in ein Vertragshändlersystem seiner Lieferanten.

— Der Holzhandel ist traditionell auch in anderen Geschäftsbereichen tätig. Häufig findet sich die Kombination mit einem Sägewerk oder einem sonstigen Holzbearbeitungsbetrieb. Teilweise sind auch Baustoffaktivitäten in den Geschäftsbetrieb integriert. Am häufigsten ist jedoch die Verbindung mit Aktivitäten im Heimwerker-, und Hobbybedarfssektor. Bereits zwei Fünftel der Unternehmen pflegen diesen Angebotsbereich.

— Das Wachstum der Umsätze des Holzgroßhandels war in den zurückliegenden Jahren deutlich stärker als das des gesamten Großhandels. Der wertmäßige Zuwachs von 1968 auf 1976 belief sich auf 147 %, der reale auf 52 %. Die Mengenexpansion lag über dem Produktionsplus in wichtigen Abnehmerbereichen, wie etwa der Bauwirtschaft und der holzverarbeitenden Industrie.

— Die Erträge bzw. Gewinnquoten des Holzgroßhandels sind bis etwa 1972 weitgehend stabil geblieben. In der Folgezeit ist es dem Holzhandel jedoch nicht mehr gelungen, die Kalkulation der zunehmenden Kostenbelastung anzupassen, so daß die Gewinnmargen stark gedrückt wurden. Das betriebswirtschaftliche Betriebsergebnis ist in diesem Zeitraum teilweise sogar ins Minus geraten. Erst in jüngerer Zeit dürfte wieder eine fühlbare Besserung eingetreten sein.

— Der Trend der Verlagerung eines zunehmenden Teils der Unternehmen, insbesondere aber der Umsätze auf die höheren Umsatzgrößenklassen war im institutionellen Holzhandel lange Zeit schwächer ausgeprägt als im Großhandelsdurchschnitt. Im gesamten Holzhandel — die Abweichungen nach Sparten waren nur gering — betrug der Anteil der Großunternehmen (10 Mill. DM Jahresumsatz und mehr) an der Gesamtzahl der Unternehmen im Jahre 1974 reichlich drei Prozent, ihr Umsatzanteil stellte sich auf 37 %. Nach 1974 hat sich der Konzentrationsprozeß beachtlich verstärkt. Bezieht man jedoch die konzernabhängigen Unternehmen sowie die großen Handelsunternehmen, deren Hauptbetätigungsfeld zwar außerhalb des Holzhandels liegt, die jedoch beachtliche Holzumsätze auf sich vereinigen, mit ein, so steigt der Marktanteil der Großunternehmen im Durchschnitt des gesamten Holzhandels auf knapp die Hälfte. Gemessen an den Spartenumsätzen in einzelnen regionalen Räumen liegt er noch weit höher.

— Auch im Holzhandel hat sich trotz einer nach wie vor weitgehend atomistischen Marktstruktur der Wettbewerb in den letzten Jahren merklich verstärkt. Gut die Hälfte der Firmen beurteilt die Intensität des Wettbewerbs als hoch, knapp ein Drittel als sehr hoch. Ein entscheidender Faktor für die Veränderungen in der Wettbewerbsintensität waren offensichtlich strukturelle Umschichtungen in den Markträumen. Rund 14 % der Unternehmen nahmen in den letzten Jahren unternehmerisch-organisatorische bzw. kapitalmäßige Umschichtungen vor, über ein Viertel der Unternehmen hatte im engeren Marktraum entsprechende Veränderungen der Wettbewerbsstruktur zu verzeichnen. Im Schwergewicht handelt es sich dabei um Firmenaufkäufe und Fusionen sowie um Konkurse oder Unternehmensaufgaben. Dabei wurden VEBA-Unternehmen am häufigsten als Unternehmensaufkäufer genannt.

— Eine Verschlechterung ihrer Wettbewerbsposition hatten in erster Linie kleine und mittlere Unternehmen hinzunehmen, wogegen größere Unternehmen (über 10 Mill. DM Jahresumsatz) auf weit überdurchschnittlicher Breite eine konstitutionelle Verbesserung zu verzeichnen hatten. Sie beurteilen ihre derzeitige Wettbewerbsposition ausschließlich als befriedigend bis sehr gut.

— Selbständige Großhandelsunternehmen stellen im Holzhandel nach wie vor die dominante Gruppe im Markt dar. Nahezu 70 % der Unternehmen bezeichnen auf ihren jeweiligen Wettbewerbsraum bezogen traditionelle Holzhandelsfirmen als ihre stärksten unmittelbaren Konkurrenten. Ein erheblich zunehmendes und gemessen an ihrem Marktvolumen überdurchschnittlich großes Gewicht wird den Konzernunternehmen sowie den SB-Großmärkten und Heimwerkermärkten zuerkannt. Auch der Baustoffhandel, der im Wege der Diversifizierung in den Holzhandelsbereich vorgedrungen ist, gewinnt offensichtlich an Wettbewerbsbedeutung. Insgesamt ist der Wettbewerb im Holzhandel jedoch nach wie vor polypolistisch geprägt.

— Auch wenn der Konzentrationsgrad im Holzhandelsbereich noch vergleichsweise gering ist, tragen sich nahezu drei Viertel der Unternehmen bereits mit konkreten Plänen, auf die Konzentrationsvorgänge zu reagieren. Ganz überwiegend sehen diese Unternehmen in einer verstärkten Betätigung im Einzelhandelsbereich eine geeignete Anpassungschance. Da gerade aber auch der Baustoffhandel verstärkt in diesen Sektor drängt, dürften die Expansionsmöglichkeiten bei einem beachtlichen Teil von Unternehmen relativ bald ihre Grenzen erreichen.

— Die Unternehmen des Holzhandels beurteilen ihre längerfristigen Geschäftsaussichten und Existenzchancen vergleichsweise positiv. Über 70 % geben die Wertung „befriedigend“, reichlich 20 % das Urteil „gut“ ab. 7 % der Unternehmen sprechen von schlechten Zukunftschancen. Davon dürfte sich rd. 1 % im akuten Gefährdungsbereich der Unternehmensexistenz befinden. Insgesamt läßt sich aus der Beurteilung der Langfristperspektiven schließen, daß der Holzhandel trotz gewisser Verdrängungsvorgänge und Umstrukturierungen weiterhin ein Markt mit einer vergleichsweise ausgewogenen Unternehmensstruktur und Wettbewerbsintensität bleiben wird.

3. Struktur- und wettbewerbspolitische Wertung

Die Beurteilung der Konzentrations-, Integrations- und Konglomerationsvorgänge und damit die Wertung der Entstehung von Marktmacht und ihrer wettbewerblichen Konsequenzen hängt entscheidend von der Art des verwendeten Wertungsansatzes und von den zur Identifizierung herangezogenen Marktmachtkriterien ab. Geht man von einem Strukturkonzept im Sinne der Betrachtung von Marktanteilen oder oligopolistischer Gleichgewichtszustände im Form von Konzentrationsindizes aus, so lassen sich, wie die Produktmarktanalysen gezeigt haben, marktbeherrschende oder gar wettbewerbsbehindernde Positionen für den Gesamtmarkt der Bundesrepublik nicht feststellen. Nicht von der Hand gewiesen werden kann jedoch, daß auf bestimmten Märkten und in regionalen und lokalen Wettbewerbsräumen beherrschende Stellungen vorliegen.

Insbesondere wenn man auf die sich weiter vergrößernden Unterschiede in der Unternehmensgröße sowie im „Ressourcenpotential“ zwischen Konzern-, Groß- und landwirtschaftlichen Genossenschaftsunternehmen einerseits und der Großzahl mittelständischer Unternehmen andererseits abhebt und sich die hieraus resultierenden Wettbewerbsnachteile und die bereits vorhandene Entmutigungswirkung bei den mittleren und kleinen Unternehmen vergegenwärtigt, sind die aus struktur- und wettbewerbspolitischer Sicht vertretbaren Konzentrationsgrenzen längst signalisiert.

Die bereits erreichten Marktvolumina, die Marktdurchdringung sowie das „Finanz- und Ressourcenpotential“ von Konzernunternehmen wie auch landwirtschaftlichen Genossenschaften sind im Vergleich zur Großzahl der Wettbewerber so groß, daß Wettbewerbsnachteile auch bei konzentrierten unternehmenspolitischen Reaktionen nur graduell abgeschwächt werden können. Eine wesentliche Frage besteht auch darin, ob nicht schon bei dem Status-quo der Konzentration mit der erreichten regionalen Ubiquität bzw. Marktdurchdringung die konstitutiven Wettbewerbsvorteile der Groß- und Agglomerationsgebilde so ausgeprägt sind, daß diese ohne weiteres externes Wachstum die Absatzmärkte zunehmend in den Griff bekommen. Die Firmenurteile und -erwartungen wie auch die Wertungen der Trägerorganisationen verbandlicher sowie öffentlicher Interessen indizieren jedoch eher, daß struktur- und wettbewerbspolitisch bedenkliche Konsequenzen lediglich bei einer Fortsetzung bzw. Beschleunigung des externen Konzentrationsprozesses zu erwarten sind.

Ein Fortschreiten der Konzentration in den hier untersuchten Handelsmärkten würde — wie die Erhebungsergebnisse gezeigt haben — die in weiten Bereichen des klein- und mittelbetrieblichen Handels zweifellos bereits vorhandene Entmutigung verstärken und über die damit zunehmende Tendenz zur Betriebsaufgabe und zum Verkauf von Unternehmen zu einer „konzentrationsfreundlichen Erosion“ führen.

Auch wenn die VEBA-Handelstöchter Stinnes und Raab Karcher nach dem Konzernzusammenschluß weiterhin getrennt mit eigenständiger Marketingkonzeption operieren, ist die aus der Konzernzugehörigkeit enstehende Kommunikation unverkennbar. Gerade unter diesem Aspekt war die aus dem Zusammenschluß erwachsende Entmutigungswirkung sowie teilweise auch die Erschütterung des Glaubens in die Konsistenz der staatlichen Struktur-, Mittelstands- und Wettbewerbspolitik im Bereich des mittelständischen Handels sogar stärker als die effektiven primären ökonomischen und marktstrukturellen Konsequenzen.

Das Kartellgesetz geltender Fassung war und ist nicht bzw. nur unzulänglich imstande, Marktanteilsgewinne von Konzern- und sonstigen Großunternehmen im Großhandel, denen bei bereichsspezifischer Wertung der Charakter der Machtballung zugesprochen werden muß, zu verhindern. Dies hängt mit den strukturellen Gegebenheiten des Handels allgemein und des Großhandels im spezifischen zusammen, eines Wirtschaftsbereiches, der sich trotz aller Konzentrations- und Selektionsvorgänge nach wie vor als klein- und mittelbetrieblich strukturiert präsentiert. Nach den gesetzlichen Vorschriften (§ 24 Abs. 8 Satz 2 GWB) ist ein Unternehmenszusammenschluß dann nicht zu untersagen, wenn ein Unternehmen, das sich einem anderen anschließt, unter der Umsatzgrenze von 50 Mill. DM liegt (sog. Bagatellklausel). Der Durchschnittsumsatz im Großhandel insgesamt liegt derzeit jedoch noch unter 4,5 Mill. DM. Selbst wenn man die Kleinunternehmen unter 1 Mill. DM Jahresumsatz als nicht funktionsechte Großhandelsunternehmen außer

Betracht läßt — sie stellen 62 % aller Großhandelsfirmen —, so ergibt sich eine durchschnittliche Unternehmensgröße von nur 10 Mill. DM. Unternehmen mit 50 Mill. DM zählen im Großhandel fast durchweg jeweils zu den größten der Branche überhaupt. Über dieser Grenze liegt insgesamt nur rd. 1 % aller Großhandelsunternehmen. In vielen Branchen, u. a. auch in den einzelnen Sparten des Holzhandels sowie im Baustoffhandel, wird diese Grenze von noch weniger Firmen erreicht[1]. Die Grenze von 50 Mill. DM ist deshalb in bezug auf den Großhandel — dasselbe trifft auch für den Einzelhandel und das Handwerk sowie eine Großzahl von Dienstleistungsbereichen zu — eindeutig zu hoch angesetzt.

Um ein struktur- und wettbewerbspolitisch bedenkliches Fortschreiten des Konzentrations- und Integrationsprozesses zu verhindern, scheinen u. a. kartellrechtliche Novellierungen unumgänglich. Die Bagatellgrenze müßte den bereichsspezifischen Gegebenheiten entsprechend merklich reduziert werden. Gleichzeitig sollten auch die Umsatzgrenzen der beteiligten Unternehmen für anzeigepflichtige Zusammenschlüsse und anmeldepflichtige Zusammenschlußvorhaben, die derzeit bei 500 Mill. DM für die beteiligten Unternehmen bzw. jeweils 1 Mrd. DM für mindestens zwei der beteiligten Unternehmen liegen, deutlich herabgesetzt werden.

[1] Ein deutliches Zeichen hierfür ist auch die Tatsache, daß die in den Größenklassen über 50 Mill. DM angesiedelten Unternehmen in der amtlichen Statistik dort häufig nicht ausgewiesen sind, sondern aus Geheimhaltungsgründen der nächstniedrigeren Größenklasse zugeschlagen werden müssen.

Anhang

Tab. A 1

Entwicklung der Wettbewerbsintensität im Baustoffhandel im Urteil der Unternehmen
nach Betriebsformen

Betriebsform	Nach Meinung von ... % der Unternehmen ist der Wettbewerb in den letzten Jahren			
	erheblich intensiver geworden	etwas intensiver geworden	gleich geblieben	schwächer geworden
Selbständiges, ungebundenes Großhandelsunternehmen	90	6	4	-
Selbständiges, aber kooperiertes Großhandelsunternehmen	77	18	5	-
Tochtergesellschaft eines Konzernunternehmens	73	27	-	-

Quelle: Erhebungen des Ifo-Instituts im Jahre 1977.

Tab. A 2

Intensität des Wettbewerbs im Baustoffhandel im Urteil der Unternehmen
nach Betriebsformen

Betriebsform	... % der Unternehmen beurteilen die Intensität des Wettbewerbs derzeit als			
	sehr hoch	hoch	mittel	schwach
Selbständiges, ungebundenes Großhandelsunternehmen	61	31	6	-
Selbständiges, aber kooperiertes Großhandelsunternehmen	52	39	9	-
Tochtergesellschaft eines Konzernunternehmens	73	-	27	-

Quelle: Erhebungen des Ifo-Instituts im Jahre 1977.

Tab. A 3

Entwicklung der Wettbewerbsposition im Baustoffhandel im Urteil der Unternehmen

nach Betriebsformen

Betriebsform	Bei ... % der Unternehmen hat sich die Wettbewerbsposition in den letzten Jahren				
	erheblich verbessert	etwas verbessert	nicht nennenswert verändert	etwas verschlechtert	erheblich verschlechtert
Selbständiges, ungebundenes Großhandelsunternehmen	7	23	33	20	17
Selbständiges, aber kooperiertes Großhandelsunternehmen	11	24	33	19	13
Tochtergesellschaft eines Konzernunternehmens	-	36	64	-	-

Quelle: Erhebungen des Ifo-Instituts im Jahre 1977.

Tab. A 4

Wettbewerbsposition im Baustoffhandel im Urteil der Unternehmen

nach Betriebsformen

Betriebsform	... % der Unternehmen beurteilen ihre derzeitige Wettbewerbsposition als				
	sehr gut	gut	befriedigend	schlecht	sehr schlecht
Selbständiges, ungebundenes Großhandelsunternehmen	-	16	60	19	5
Selbständiges, aber kooperiertes Großhandelsunternehmen	3	25	61	10	1
Tochtergesellschaft eines Konzernunternehmens	-	-	100	-	-

Quelle: Erhebungen des Ifo-Instituts im Jahre 1977.

Tab. A 5

Die stärksten unmittelbaren Konkurrenten im Baustoffhandel im Urteil der Unternehmen

nach Betriebsformen

Betriebsform	Von ... % der Unternehmen[1] werden als stärkste unmittelbare Konkurrenten angesehen				
	Selbständige, ungebundene Großhandelsunternehmen	Selbständige, aber kooperierte Großhandelsunternehmen	Werkshandels- oder Vertriebsgesellschaften	Tochtergesellschaften von Konzernunternehmen	Genossenschaftlich organisierte Unternehmen
Selbständiges, ungebundenes Großhandelsunternehmen	38	17	7	44	67
Selbständiges, aber kooperiertes Großhandelsunternehmen	36	24	15	56	49
Tochtergesellschaft eines Konzernunternehmens	64	-	-	36	64

1) Mehrfachmeldungen waren möglich.

Quelle: Erhebungen des Ifo-Instituts im Jahre 1977.

Tab. A 6

Wettbewerbskonstellation und Wettbewerbsposition im Baustoffhandel im Urteil der Unternehmen

Wettbewerbsposition	Von ... % der Unternehmen[1] werden als stärkste unmittelbare Konkurrenten angesehen				
	Selbständige, ungebundene Großhandels-unternehmen	Selbständige, aber kooperierte Großhandels-unternehmen	Werkshandels- oder Vertriebs-gesellschaften	Tochtergesell-schaften von Konzernunter-nehmen	Genossenschaftlich organisierte Unternehmen
sehr gut	56	-	-	-	44
gut	56	28	10	42	44
befriedigend	34	18	12	51	62
schlecht	30	11	9	49	69
sehr schlecht	8	31	8	81	85

1) Mehrfachmeldungen waren möglich.

Quelle: Erhebungen des Ifo-Instituts im Jahre 1977.

Tab. A 7

Einsatz der Wettbewerbsinstrumente im Baustoffhandel im Urteil der Unternehmen nach Betriebsformen

Betriebsform	Zur Erhaltung bzw. Verbesserung der Wettbewerbsfähigkeit legen ... % der Unternehmen[1] auf den Einsatz folgender Wettbewerbsinstrumente besonderes Gewicht								
	Lieferfähigkeit/ Lieferbereitschaft	Preis/ Rabatt	Breites Sortiment	Spezialisiertes Sortiment	Beratung	Service	Ständige Musterschau, Ausstellung	Kreditgewährung an die Abnehmer	Sonstige
Selbständiges, ungebundenes Großhandelsunternehmen	90	34	70	38	79	72	52	30	4
Selbständiges, aber kooperiertes Großhandelsunternehmen	94	36	81	39	89	82	73	31	-
Tochtergesellschaft eines Konzernunternehmens	100	36	27	73	100	36	64	36	-

1) Mehrfachmeldungen waren möglich.

Quelle: Erhebungen des Ifo-Instituts im Jahre 1977.

Tab. A 8

Die Wertigkeit der einzelnen Wettbewerbsinstrumente bei den Konzernunternehmen und Genossenschaftsunternehmen im Baustoffhandel im Urteil der konkurrierenden Unternehmen

nach Unternehmensgrößenklassen

Unternehmensgrößenklasse (Jahresumsatz in Mill.DM)	Konzernunternehmen sowie Genossenschaftsunternehmen setzen nach Meinung von ... % der Unternehmen[1] in erster Linie folgende Wettbewerbsinstrumente ein								
	Lieferfähigkeit/ Lieferbereitschaft	Preis/ Rabatt	Breites Sortiment	Spezialisiertes Sortiment	Beratung	Service	Ständige Musterschau, Ausstellung	Kreditgewährung an die Abnehmer	Sonstige
unter 2	31	100	67	19	8	17	56	56	-
2 bis unter 4	14	97	29	6	6	11	31	29	6
4 bis unter 10	22	99	32	7	6	9	29	54	2
10 bis unter 20	29	100	34	16	8	5	37	50	5
20 und mehr	31	100	40	18	18	13	49	64	-

1) Mehrfachmeldungen waren möglich.

Quelle: Erhebungen des Ifo-Instituts im Jahre 1977.

Tab. A 9

Reaktionsmaßnahmen der Unternehmen im Baustoffhandel auf Konzentrationsvorgänge im Markt

nach Unternehmensgrößenklassen

Unternehmensgrößenklasse (Jahresumsatz in Mill.DM)	Als Reaktion auf die im Markt vor sich gehenden Konzentrationsvorgänge beabsichtigen ... % der Unternehmen[1] folgende Maßnahmen						
	Eintritt in eine Kooperationsgemeinschaft	Verstärkung der Kooperation	Einbindung bzw. Verstärkung der Einbindung in ein Vertragsvertriebsverhältnis mit der Industrie	Fusion mit anderen selbständigen Großhandelsunternehmen	Verkauf des Unternehmens bzw. von Anteilen des Unternehmens	Diversifizierung durch Betätigung in einer anderen Branche	Aufbau eines Baumarktes
Selbständiges, ungebundenes Großhandelsunternehmen	19	25	15	12	11	28	49
Selbständiges, aber kooperiertes Großhandelsunternehmen	4	80	22	4	8	26	50
Tochtergesellschaft eines Konzernunternehmens	-	-	-	-	-	100	-

1) Mehrfachmeldungen waren möglich.

Quelle: Erhebungen des Ifo-Instituts im Jahre 1977.

Tab. A 10

Die längerfristigen Existenzchancen im Baustoffhandel im Urteil der Unternehmen nach Betriebsformen

Betriebsform	... % der Unternehmen beurteilen ihre Geschäftsaussichten und Existenzchancen auf längere Sicht als		
	gut	befriedigend	schlecht
Selbständiges, ungebundenes Großhandelsunternehmen	12	57	31
Selbständiges, aber kooperiertes Großhandelsunternehmen	16	64	20
Tochtergesellschaft eines Konzernunternehmens	-	100	-

Quelle: Erhebungen des Ifo-Instituts im Jahre 1977.

Tab. A 11

Entwicklung der Wettbewerbsintensität im Chemiehandel im Urteil der Unternehmen

nach Unternehmensgrößenklassen

Unternehmensgrößenklasse (Jahresumsatz in Mill.DM)	Nach Meinung von ... % der Unternehmen ist der Wettbewerb in den letzten Jahren			
	erheblich intensiver geworden	etwas intensiver geworden	gleich geblieben	schwächer geworden
unter 5	70	30	-	-
5 bis unter 10	70	30	-	-
10 bis unter 20	85	15	-	-
20 bis unter 50	90	10	-	-
50 bis unter 100	100	-	-	-
100 und mehr	100	-	-	-
Insgesamt	85	15	-	-

Quelle: Erhebungen des Ifo-Instituts im Jahre 1977.

Tab. A 12

Intensität des Wettbewerbs im Chemiehandel im Urteil der Unternehmen

nach Unternehmensgrößenklassen

Unternehmensgrößenklasse (Jahresumsatz in Mill.DM)	... % der Unternehmen beurteilen die Intensität des Wettbewerbs derzeit als			
	sehr hoch	hoch	mittel	schwach
unter 5	70	20	10	-
5 bis unter 10	40	60	-	-
10 bis unter 20	46	46	8	-
20 bis unter 50	80	20	-	-
50 bis unter 100	25	75	-	-
100 und mehr	100	-	-	-
Insgesamt	58	39	3	-

Quelle: Erhebungen des Ifo-Instituts im Jahre 1977.

Tab. A 13

Entwicklung der Wettbewerbsposition im Chemiehandel im Urteil der Unternehmen nach Unternehmensgrößenklassen

Unternehmensgrößenklasse (Jahresumsatz in Mill.DM)	Bei ... % der Unternehmen hat sich die Wettbewerbsposition in den letzten Jahren				
	erheblich verbessert	etwas verbessert	nicht nennenswert verändert	etwas verschlechtert	erheblich verschlechtert
unter 2	-	-	-	100	-
2 bis unter 5	-	45	22	11	22
5 bis unter 10	10	50	20	10	10
10 bis unter 20	8	31	8	38	15
20 bis unter 50	10	30	30	-	30
50 bis unter 100	-	50	-	50	-
100 und mehr	50	50	-	-	-
Insgesamt	10	38	15	21	16

Quelle: Erhebungen des Ifo-Instituts im Jahre 1977.

Tab. A 14

Wettbewerbsposition im Chemiehandel im Urteil der Unternehmen
nach Unternehmensgrößenklassen

Unternehmensgrößenklasse (Jahresumsatz in Mill.DM)	... % der Unternehmen beurteilen ihre derzeitige Wettbewerbsposition als				
	sehr gut	gut	befriedigend	schlecht	sehr schlecht
unter 2	-	-	100	-	-
2 bis unter 5	-	33	45	22	-
5 bis unter 10	-	10	80	10	-
10 bis unter 20	-	23	62	15	-
20 bis unter 50	-	22	67	-	11
50 bis unter 100	-	50	50	-	-
100 und mehr	-	100	-	-	-
Insgesamt	-	31	58	8	3

Quelle: Erhebungen des Ifo-Instituts im Jahre 1977.

Tab. A 15

Die stärksten unmittelbaren Konkurrenten im Chemiehandel im Urteil der Unternehmen

nach Betriebsformen

Betriebsform	Von ... % der Unternehmen[1] werden als stärkste unmittelbare Konkurrenten angesehen					
	Selbständige ungebundene Großhandelsunternehmen	Selbständige, aber kooperierte Großhandelsunternehmen	Selbständige, aber durch Vertragsvertrieb an Hersteller gebundene Großhandelsunternehmen	Werkshandels- oder Vertriebsgesellschaften	Verkaufsniederlassungen der Industrie	Tochtergesellschaften von Konzernunternehmen
Selbständiges, ungebundenes Großhandelsunternehmen	54	27	34	18	29	74
Selbständiges, aber kooperiertes Großhandelsunternehmen	36	-	-	-	-	100
Selbständiges, aber durch Vertragsvertrieb an Hersteller gebundenes Großhandelsunternehmen	-	-	-	-	57	43
Tochtergesellschaft eines Konzernunternehmens	47	-	24	24	53	65

1) Mehrfachmeldungen waren möglich.

Quelle: Erhebungen des Ifo-Instituts im Jahre 1977.

Tab. A 16

Einsatz der Wettbewerbsinstrumente im Chemiehandel im Urteil der Unternehmen nach Betriebsformen

Betriebsform	Zur Erhaltung bzw. Verbesserung der Wettbewerbsfähigkeit legen ... % der Unternehmen[1] auf den Einsatz folgender Wettbewerbsinstrumente besonderes Gewicht							
	Lieferfähigkeit/ Lieferbereitschaft	Preis/ Rabatt	Breites Lieferprogramm	Spezialisiertes Lieferprogramm	Beratung	Service	Kreditgewährung an die Abnehmer	Sonstige
Selbständiges, ungebundenes Großhandelsunternehmen	92	35	58	59	72	78	22	4
Selbständiges, aber kooperiertes Großhandelsunternehmen	93	36	76	9	70	92	9	-
Selbständiges, aber durch Vertragsvertrieb an Hersteller gebundenes Großhandelsunternehmen	57	55	-	58	56	100	-	-
Tochtergesellschaft eines Konzernunternehmens	100	12	12	88	59	-	-	24

1) Mehrfachmeldungen waren möglich.

Quelle: Erhebungen des Ifo-Instituts im Jahre 1977.

Tab. A 17

Reaktionsmaßnahmen der Unternehmen im Chemiehandel auf Konzentrationsvorgänge im Markt

nach Unternehmensgrößenklassen

Unternehmensgrößenklasse (Jahresumsatz in Mill.DM)	Als Reaktion auf die im Markt vor sich gehenden Konzentrationsvorgänge beabsichtigen ... % der Unternehmen[1] folgende Maßnahmen				
	Eintritt in eine Kooperationsgemeinschaft	Verstärkung der Kooperation	Einbindung bzw. Verstärkung der Einbindung in ein Vertragsvertriebsverhältnis mit der Industrie	Spezialisierung	Diversifizierung
unter 5	33	17	33	67	17
5 bis unter 10	14	14	43	57	29
10 bis unter 20	10	20	40	70	70
20 bis unter 50	13	75	50	38	63
50 bis unter 100	-	-	50	25	100
100 und mehr	-	-	50	50	100
Insgesamt	11	28	45	50	66

1) Mehrfachmeldungen waren möglich.

Quelle: Erhebungen des Ifo-Instituts im Jahre 1977.

Tab. A 18

Die längerfristigen Existenzchancen im Chemiehandel im Urteil der Unternehmen

nach Betriebsformen

Betriebsform	... % der Unternehmen beurteilen ihre Geschäftsaussichten und Existenzchancen auf längere Sicht als		
	gut	befriedigend	schlecht
Selbständiges, ungebundenes Großhandelsunternehmen	30	64	6
Selbständiges, aber kooperiertes Großhandelsunternehmen	17	76	7
Selbständiges, aber durch Vertragsvertrieb an Hersteller gebundenes Großhandelsunternehmen	57	43	-
Tochtergesellschaft eines Konzernunternehmens	50	50	-

Quelle: Erhebungen des Ifo-Instituts im Jahre 1977.

Tab. A 19

Einsatz der Wettbewerbsinstrumente im Chemiehandel im Urteil der Unternehmen nach der Wertung der längerfristigen Existenzchancen

Wertung der längerfristigen Geschäftsaussichten und Existenzchancen	Zur Erhaltung bzw. Verbesserung der Wettbewerbsfähigkeit legen ... % der Unternehmen[1] auf den Einsatz folgender Wettbewerbsinstrumente besonderes Gewicht							
	Lieferfähigkeit/ Lieferbereitschaft	Preis/ Rabatt	Breites Lieferprogramm	Spezialisiertes Lieferprogramm	Beratung	Service	Kreditgewährung an die Abnehmer	Sonstige
Gut	100	37	52	79	100	89	25	10
Befriedigend	89	33	65	32	59	74	13	3
Schlecht	73	46	18	46	73	73	-	-
Insgesamt	92	34	57	48	69	76	16	5

1) Mehrfachmeldungen waren möglich.

Quelle: Erhebungen des Ifo-Instituts im Jahre 1977.

Tab. A 20

Entwicklung der Wettbewerbsintensität im Handel mit festen Brennstoffen

im Urteil der Unternehmen

nach Betriebsformen

Betriebsform	Nach Meinung von ... % der Unternehmen ist der Wettbewerb in den letzten Jahren				
	erheblich intensiver geworden	etwas intensiver geworden	gleich geblieben	etwas schwächer geworden	erheblich schwächer geworden
Selbständiges, ungebundenes Großhandelsunternehmen	51	13	29	4	3
Selbständiges, aber kooperiertes Großhandelsunternehmen	77	-	18	5	-
Tochtergesellschaft eines Konzernunternehmens	74	17	7	2	-

Quelle: Erhebungen des Ifo-Instituts im Jahre 1977.

Tab. A 21

Intensität des Wettbewerbs im Handel mit festen Brennstoffen

im Urteil der Unternehmen

nach Betriebsformen

Betriebsform	... % der Unternehmen beurteilen die Intensität des Wettbewerbs derzeit als				
	sehr hoch	hoch	mittel	schwach	sehr schwach
Selbständiges, ungebundenes Großhandelsunternehmen	27	44	19	6	4
Selbständiges, aber kooperiertes Großhandelsunternehmen	40	37	18	5	-
Tochtergesellschaft eines Konzernunternehmens	51	39	5	5	-

Quelle: Erhebungen des Ifo-Instituts im Jahre 1977.

Tab. A 22

Wertung der Wirkungen von Unternehmenskonzentrationen und Fusionen im Marktbereich des Handels mit festen Brennstoffen durch die Unternehmen

nach Unternehmensgrößenklassen

Unternehmensgrößenklasse (Jahresumsatz in Mill.DM)	Durch Unternehmenskonzentrationen, Fusionen und Zusammenschluß großer Unternehmen erfolgte in den letzten Jahren nach Einschätzung von ... % der Unternehmen[1)] in ihrem Marktbereich					
	Keine wesentliche Veränderung des Wettbewerbs	Eine erhebliche Verschärfung des Wettbewerbs	Eine erhebliche Intensivierung speziell des Preiswettbewerbs	Eine Beeinträchtigung der Wettbewerbsposition	Eine Beschränkung bzw. Beeinträchtigung der Absatzmöglichkeiten	Eine Beschränkung bzw. Beeinträchtigung der Beschaffungsmöglichkeiten
unter 2	67	6	22	11	11	-
2 bis unter 4	50	33	34	33	8	-
4 bis unter 10	16	47	68	32	47	-
10 bis unter 20	35	44	30	26	30	4
20 bis unter 50	26	44	57	30	30	4
50 und mehr	20	60	56	12	16	8
Insgesamt	27	47	50	23	26	4

1) Mehrfachmeldungen waren möglich.

Quelle: Erhebungen des Ifo-Instituts im Jahre 1977.

Tab. A 23

Entwicklung der Wettbewerbsposition im Handel mit festen Brennstoffen im Urteil der Unternehmen

nach Unternehmensgrößenklassen

Unternehmensgrößenklasse (Jahresumsatz in Mill.DM)	Bei ... % der Unternehmen hat sich die Wettbewerbsposition in den letzten Jahren				
	erheblich verbessert	etwas verbessert	nicht nennenswert verändert	etwas verschlechtert	erheblich verschlechtert
unter 2	-	-	22	6	72
2 bis unter 4	-	-	31	30	39
4 bis unter 10	-	-	30	35	35
10 bis unter 20	4	-	26	52	18
20 bis unter 50	-	17	29	25	29
50 und mehr	12	12	36	12	28
Insgesamt	5	8	30	28	29

Quelle: Erhebungen des Ifo-Instituts im Jahre 1977.

Tab. A 24

Entwicklung der Wettbewerbsposition im Handel mit festen Brennstoffen im Urteil der Unternehmen

nach Betriebsformen

Betriebsform	Bei ... % der Unternehmen hat sich die Wettbewerbsposition in den letzten Jahren				
	erheblich verbessert	etwas verbessert	nicht nennenswert verändert	etwas verschlechtert	erheblich verschlechtert
Selbständiges, ungebundenes Großhandelsunternehmen	2	5	35	25	33
Selbständiges, aber kooperiertes Großhandelsunternehmen	-	18	-	37	45
Tochtergesellschaft eines Konzernunternehmens	9	11	32	29	19

Quelle: Erhebungen des Ifo-Instituts im Jahre 1977.

Tab. A 25

Die stärksten unmittelbaren Konkurrenten im Handel mit festen Brennstoffen im Urteil der Unternehmen

nach Betriebsformen

Betriebsform	Von ... % der Unternehmen[1] werden als stärkste unmittelbare Konkurrenten angesehen			
	Selbständige, ungebundene Großhandelsunternehmen	Werkshandels- oder Vertriebsgesellschaften	Tochtergesellschaften von Konzernunternehmen	Genossenschaftlich organisierte Unternehmen
Selbständiges, ungebundenes Großhandelsunternehmen	13	23	86	32
Selbständiges, aber kooperiertes Großhandelsunternehmen	18	8	78	20
Tochtergesellschaft eines Konzernunternehmens	18	27	78	50

1) Mehrfachmeldungen waren möglich.

Quelle: Erhebungen des Ifo-Instituts im Jahre 1977.

Tab. A 26

Einsatz der Wettbewerbsinstrumente im Handel mit festen Brennstoffen

im Urteil der Unternehmen

nach Unternehmensgrößenklassen

Unternehmensgrößenklasse (Jahresumsatz in Mill.DM)	Zur Erhaltung bzw. Verbesserung der Wettbewerbsfähigkeit legen ... % der Unternehmen[1] auf den Einsatz folgender Wettbewerbsinstrumente besonderes Gewicht				
	Lieferfähigkeit/ Lieferbereitschaft	Preis/ Rabatt	Breites Sortiment	Kreditgewährung an die Abnehmer	Sonstige
unter 2	69	31	50	25	-
2 bis unter 4	90	10	80	10	-
4 bis unter 10	83	39	44	17	11
10 bis unter 20	87	30	57	13	9
20 bis unter 50	88	50	42	13	13
50 und mehr	96	56	72	24	16
Insgesamt	89	44	57	17	12

1) Mehrfachmeldungen waren möglich.

Quelle: Erhebungen des Ifo-Instituts im Jahre 1977

Tab. A 27

Einsatz der Wettbewerbsinstrumente im Handel mit festen Brennstoffen im Urteil der Unternehmen

nach Betriebsformen

Betriebsform	Zur Erhaltung bzw. Verbesserung der Wettbewerbsfähigkeit legen ... % der Unternehmen[1] auf den Einsatz folgender Wettbewerbsinstrumente besonderes Gewicht				
	Lieferfähigkeit/ Lieferbereitschaft	Preis/ Rabatt	Breites Sortiment	Kreditgewährung an die Abnehmer	Sonstige
Selbständiges, ungebundenes Großhandelsunternehmen	87	42	62	16	9
Selbständiges, aber kooperiertes Großhandelsunternehmen	76	76	30	35	30
Tochtergesellschaft eines Konzernunternehmens	94	39	57	16	10

1) Mehrfachmeldungen waren möglich.

Quelle: Erhebungen des Ifo-Instituts im Jahre 1977.

Tab. A 28

Die Wertigkeit der einzelnen Wettbewerbsinstrumente bei den Konzernunternehmen und Genossenschaftsunternehmen im Handel mit festen Brennstoffen im Urteil der konkurrierenden Unternehmen

nach Unternehmensgrößenklassen

Unternehmensgrößenklasse (Jahresumsatz in Mill.DM)	Konzernunternehmen sowie Genossenschaftsunternehmen setzen nach Meinung von ... % der Unternehmen[1] in erster Linie folgende Wettbewerbsinstrumente ein				
	Lieferfähigkeit/ Lieferbereitschaft	Preis/ Rabatt	Breites Sortiment	Kreditgewährung an die Abnehmer	Sonstige
unter 2	18	88	29	65	-
2 bis unter 4	8	100	8	42	-
4 bis unter 10	16	95	-	53	5
10 bis unter 20	35	91	9	30	9
20 bis unter 50	13	87	9	57	-
50 und mehr	36	96	24	56	20
Insgesamt	25	92	13	50	9

1) Mehrfachmeldungen waren möglich.

Quelle: Erhebungen des Ifo-Instituts im Jahre 1977.

Tab. A 29

Reaktionsmaßnahmen der Unternehmen im Handel mit festen Brennstoffen

auf Konzentrationsvorgänge im Markt

nach Unternehmensgrößenklassen

Unternehmensgrößenklasse (Jahresumsatz in Mill.DM)	Als Reaktion auf die im Markt vor sich gehenden Konzentrationsvorgänge beabsichtigen ... % der Unternehmen[1] folgende Maßnahmen				
	Eintritt in eine Kooperationsgemeinschaft	Verstärkung der Kooperation	Fusion mit anderen selbständigen Großhandelsunternehmen	Verkauf des Unternehmens bzw. von Anteilen des Unternehmens	Diversifizierung durch Betätigung in einer anderen Branche
unter 2	27	27	-	-	91
2 bis unter 4	25	25	25	-	50
4 bis unter 10	7	40	7	27	47
10 bis unter 20	6	22	17	33	67
20 bis unter 50	29	33	5	5	67
50 und mehr	18	32	9	5	68
Insgesamt	18	31	10	13	64

1) Mehrfachmeldungen waren möglich.

Quelle: Erhebungen des Ifo-Instituts im Jahre 1977.

Tab. A 30

Die längerfristigen Existenzchancen im Handel mit festen Brennstoffen im Urteil der Unternehmen

nach Betriebsformen

Betriebsform	... % der Unternehmen beurteilen ihre Geschäftsaussichten und Existenzchancen auf längere Sicht als		
	gut	befriedigend	schlecht
Selbständiges, ungebundenes Großhandelsunternehmen	2	24	74
Selbständiges, aber kooperiertes Großhandelsunternehmen	-	18	82
Tochtergesellschaft eines Konzernunternehmens	9	63	28

Quelle: Erhebungen des Ifo-Instituts im Jahre 1977.

Tab. A 31

Wettbewerbsposition und längerfristige Existenzchancen im Handel mit festen Brennstoffen

im Urteil der Unternehmen

Wettbewerbsposition	... % der Unternehmen beurteilen ihre Geschäftsaussichten und Existenzchancen auf längere Sicht als		
	gut	befriedigend	schlecht
sehr gut	100	-	-
gut	21	71	8
befriedigend	-	57	43
schlecht	-	11	89
sehr schlecht	-	4	96

Quelle: Erhebungen des Ifo-Instituts im Jahre 1977.

Tab. A 32

Entwicklung der Wettbewerbsintensität im Holzhandel im Urteil der Unternehmen nach Betriebsformen

Betriebsform	Nach Meinung von ... % der Unternehmen ist der Wettbewerb in den letzten Jahren			
	erheblich intensiver geworden	etwas intensiver geworden	gleich geblieben	schwächer geworden
Selbständiges, ungebundenes Großhandelsunternehmen	62	28	9	1
Selbständiges, aber kooperiertes Großhandelsunternehmen	68	32	-	-
Werkshandels- oder Vertriebsgesellschaft	57	43	-	-
Tochtergesellschaft eines Konzernunternehmens	56	34	10	-

Quelle: Erhebungen des Ifo-Instituts im Jahre 1977.

Tab. A 33

Intensität des Wettbewerbs im Holzhandel im Urteil der Unternehmen nach Betriebsformen

Betriebsform	... % der Unternehmen beurteilen die Intensität des Wettbewerbs derzeit als			
	sehr hoch	hoch	mittel	schwach
Selbständiges, ungebundenes Großhandelsunternehmen	30	54	16	-
Selbständiges, aber kooperiertes Großhandelsunternehmen	39	61	-	-
Werkshandels- oder Vertriebsgesellschaft	57	43	-	-
Tochtergesellschaft eines Konzernunternehmens	46	41	13	-

Quelle: Erhebungen des Ifo-Instituts im Jahre 1977.

Tab. A 34

Entwicklung der Wettbewerbsposition im Holzhandel im Urteil der Unternehmen nach Betriebsformen

Betriebsform	Bei ... % der Unternehmen hat sich die Wettbewerbsposition in den letzten Jahren				
	erheblich verbessert	etwas verbessert	nicht nennenswert verändert	etwas verschlechtert	erheblich verschlechtert
Selbständiges, ungebundenes Großhandelsunternehmen	11	34	33	18	4
Selbständiges, aber kooperiertes Großhandelsunternehmen	11	46	27	16	-
Werkshandels- oder Vertriebsgesellschaft	-	100	-	-	-
Tochtergesellschaft eines Konzernunternehmens	8	22	67	3	-

Quelle: Erhebungen des Ifo-Instituts im Jahre 1977.

Tab. A 35

Wettbewerbsposition im Holzhandel im Urteil der Unternehmen

nach Betriebsformen

Betriebsform	... % der Unternehmen beurteilen ihre derzeitige Wettbewerbsposition als				
	sehr gut	gut	befriedigend	schlecht	sehr schlecht
Selbständiges, ungebundenes Großhandelsunternehmen	4	35	54	6	1
Selbständiges, aber kooperiertes Großhandelsunternehmen	-	50	39	11	-
Werkshandels- oder Vertriebsgesellschaft	-	57	43	-	-
Tochtergesellschaft eines Konzernunternehmens	8	33	59	-	-

Quelle: Erhebungen des Ifo-Instituts im Jahre 1977.

Tab. A 36

Die stärksten unmittelbaren Konkurrenten im Holzhandel im Urteil der Unternehmen

nach Unternehmensgrößenklassen

Unternehmensgrößenklasse (Jahresumsatz in Mill.DM)	Von ... % der Unternehmen[1] werden als stärkste unmittelbare Konkurrenten angesehen				
	Großhandelsunternehmen des Holzbereichs	Selbständige Großhandelsunternehmen des Baustoffbereichs	Sägewerke	Tochtergesellschaften von Konzernunternehmen	Neue SB-Großmärkte, Hobby-/Heimwerkermärkte
unter 1	70	17	18	20	43
1 bis unter 2	60	18	7	27	49
2 bis unter 4	74	26	12	23	43
4 bis unter 10	67	20	8	42	42
10 bis unter 20	60	28	8	23	28
20 und mehr	83	8	12	43	13
Insgesamt	68	21	9	31	38

1) Mehrfachmeldungen waren möglich.

Tab. A 37

Die stärksten unmittelbaren Konkurrenten im Holzhandel im Urteil der Unternehmen nach Betriebsformen

Betriebsform	Von ... % der Unternehmen[1] werden als stärkste unmittelbare Konkurrenten angesehen				
	Großhandelsunternehmen des Holzbereichs	Selbständige Großhandelsunternehmen des Baustoffbereichs	Sägewerke	Tochtergesellschaften von Konzernunternehmen	Neue SB-Großmärkte, Hobby-/Heimwerkermärkte
Selbständiges, ungebundenes Großhandelsunternehmen	68	21	9	31	39
Selbständiges, aber kooperiertes Großhandelsunternehmen	52	32	7	50	43
Werkshandels- oder Vertriebsgesellschaft	100	-	-	-	-
Tochtergesellschaft eines Konzernunternehmens	87	14	16	16	26

1) Mehrfachmeldungen waren möglich.

Quelle: Erhebungen des Ifo-Instituts im Jahre 1977.

Tab. A 38

Einsatz der Wettbewerbsinstrumente im Holzhandel im Urteil der Unternehmen nach Unternehmensgrößenklassen

Unternehmensgrößenklasse (Jahresumsatz in Mill.DM)	Zur Erhaltung bzw. Verbesserung der Wettbewerbsfähigkeit legen ... % der Unternehmen[1] auf den Einsatz folgender Wettbewerbsinstrumente besonderes Gewicht								
	Lieferfähigkeit/ Lieferbereitschaft	Preis/ Rabatt	Breites Sortiment	Spezialisiertes Sortiment	Beratung	Dienstleistung Maßfertigung Montage	Ständige Musterschau, Ausstellung	Kreditgewährung an die Abnehmer	Sonstige
unter 1	92	18	44	29	59	30	21	27	2
1 bis unter 2	86	28	55	36	70	15	42	30	2
2 bis unter 4	93	22	70	26	77	25	47	35	4
4 bis unter 10	92	21	75	29	82	27	65	32	2
10 bis unter 20	87	28	64	33	72	26	59	28	-
20 und mehr	100	17	63	30	62	17	46	21	5
Insgesamt	91	23	66	30	74	23	52	31	3

1) Mehrfachmeldungen waren möglich.

Quelle: Erhebungen des Ifo-Instituts im Jahre 1977.

Tab. A 39

Wettbewerbsposition und Einsatz der Wettbewerbsinstrumente im Holzhandel

im Urteil der Unternehmen

Wettbewerbsposition	Zur Erhaltung bzw. Verbesserung der Wettbewerbsfähigkeit legen ... % der Unternehmen[1] auf den Einsatz folgender Wettbewerbsinstrumente besonderes Gewicht								
	Lieferfähigkeit/ Lieferbereitschaft	Preis/ Rabatt	Breites Sortiment	Spezialisiertes Sortiment	Beratung	Dienstleistung Maßfertigung Montage	Ständige Musterschau, Ausstellung	Kreditgewährung an die Abnehmer	Sonstige
sehr gut	71	23	70	54	57	28	32	25	-
gut	96	18	77	23	82	22	56	29	1
befriedigend	90	26	65	30	72	24	51	30	4
schlecht	86	26	23	58	74	25	52	40	3
sehr schlecht	75	42	17	33	17	33	33	58	-

1) Mehrfachmeldungen waren möglich.

Quelle: Erhebungen des Ifo-Instituts im Jahre 1977.

Tab. A 40

Reaktionsmaßnahmen der Unternehmen im Holzhandel auf Konzentrationsvorgänge im Markt nach Unternehmensgrößenklassen

Unternehmensgrößenklasse	Als Reaktion auf die im Markt vor sich gehenden Konzentrationsvorgänge beabsichtigen ... % der Unternehmen[1)] folgende Maßnahmen					
	Eintritt in eine Kooperationsgemeinschaft bzw. Verstärkung der Kooperation	Einbindung bzw. Verstärkung der Einbindung in ein Vertragsvertriebsverhältnis mit der Industrie	Fusion mit einem anderen selbständigen Großhandelsunternehmen	Verkauf des Unternehmens bzw. von Anteilen des Unternehmens	Verstärkte Betätigung im Einzelhandelsbereich	Zusätzliche Betätigung in einer anderen Branche
unter 1	11	4	-	6	72	19
1 bis unter 2	14	4	2	4	84	12
2 bis unter 4	11	11	2	5	88	15
4 bis unter 10	19	6	3	3	78	21
10 bis unter 20	41	7	-	-	70	22
20 und mehr	28	-	9	-	72	-
Insgesamt	19	7	2	4	80	16

1) Mehrfachmeldungen waren möglich.

Quelle: Erhebungen des Ifo-Instituts im Jahre 1977.

Tab. A 41

Die längerfristigen Existenzchancen im Holzhandel im Urteil der Unternehmen

nach Betriebsformen

Betriebsform	... % der Unternehmen beurteilen ihre Geschäftsaussichten und Existenzchancen auf längere Sicht als		
	gut	befriedigend	schlecht
Selbständiges, ungebundenes Großhandelsunternehmen	22	71	7
Selbständiges, aber kooperiertes Großhandelsunternehmen	11	73	16
Werkshandels- oder Vertriebsgesellschaft	-	43	57
Tochtergesellschaft eines Konzernunternehmens	13	87	-

Quelle: Erhebungen des Ifo-Instituts im Jahre 1977.

Tab. A 42

Wettbewerbsposition und längerfristige Existenzchancen im Holzhandel im Urteil der Unternehmen

Wettbewerbsposition	... % der Unternehmen beurteilen ihre Geschäftsaussichten und Existenzchancen auf längere Sicht als		
	gut	befriedigend	schlecht
sehr gut	84	11	5
gut	40	57	3
befriedigend	7	88	5
schlecht	-	56	44
sehr schlecht	-	33	67

Quelle: Erhebungen des Ifo-Instituts im Jahre 1977.

Tab. A 43

Längerfristige Existenzchancen und Einsatz der Wettbewerbsinstrumente im Holzhandel im Urteil der Unternehmen

Längerfristige Existenzchancen	Zur Erhaltung bzw. Verbesserung der Wettbewerbsfähigkeit legen ... % der Unternehmen[1] auf den Einsatz folgender Wettbewerbsinstrumente besonderes Gewicht								
	Lieferfähigkeit/ Lieferbereitschaft	Preis/ Rabatt	Breites Sortiment	Spezialisiertes Sortiment	Beratung	Dienstleistung Maßfertigung Montage	Ständige Musterschau, Ausstellung	Kreditgewährung an die Abnehmer	Sonstige
gut	94	19	70	35	73	23	56	28	-
befriedigend	92	24	68	26	77	24	52	30	3
schlecht	81	30	36	57	53	15	36	48	3

1) Mehrfachmeldungen waren möglich.

Quelle: Erhebungen des Ifo-Instituts im Jahre 1977.

Tab. A 44

Konkurrenzkonstellation und längerfristige Existenzchancen im Holzhandel im Urteil der Unternehmen

Längerfristige Existenzchancen	Von ... % der Unternehmen[1] werden als stärkste unmittelbare Konkurrenten angesehen				
	Großhandelsunternehmen des Holzbereichs	Selbständige Großhandelsunternehmen des Baustoffbereichs	Sägewerke	Tochtergesellschaften von Konzernunternehmen	Neue SB-Großmärkte, Hobby-/Heimwerkermärkte
gut	77	15	10	20	31
befriedigend	68	24	9	31	40
schlecht	51	10	6	65	40

1) Mehrfachmeldungen waren möglich.

Quelle: Erhebungen des Ifo-Instituts im Jahre 1977.

FSC
www.fsc.org
MIX
Papier | Fördert
gute Waldnutzung
FSC® C083411

Kolibri 360 GmbH
Ferdinand-Jühlke-Straße 7
99095 Erfurt, Deutschland
produktsicherheit@kolibri360.de

Druck:
CPI Druckdienstleistungen GmbH
im Auftrag der
Kolibri 360 GmbH
Ferdinand-Jühlke-Str. 7
99095 Erfurt